LOS COMPAS
ESCAPAN DE LA PRISIÓN

MIKECRACK, EL TROLLINO, TIMBA VK

LOS COMPAS
ESCAPAN DE LA PRISIÓN

mr

Edición y fijación del texto: José Manuel Lechado, 2019

Ediciones Martínez Roca, sello editorial de Editorial Planeta, S. A.
Avda. Diagonal, 662-664, 08034 Barcelona
www.mrediciones.es
www.planetadelibros.com

Ilustraciones de cubierta e interior: © Third Guy
Diseño de cubierta e interior: Rudesindo de la Fuente

Primera edición: octubre de 2019
Segunda edición: noviembre de 2019
ISBN: 978-84-270-4609-2
Depósito legal: B. 19.505-2019
Preimpresión: Safekat, S. L.
Impresión: Liberduplex
Printed in Spain - Impreso en España

El papel utilizado para la impresión de este libro está calificado como papel **ecológico** y procede de bosques gestionados de manera **sostenible**.

ÍNDICE

Introducción. Una celebración accidentada

—Rius —dijo Timba, de repente—. Llevo un rato mirándote y... No estoy seguro de qué es, pero te veo algo raro.

—No sé, yo me siento igual que siempre.

—Ahora que lo dices, yo también lo noto —añadió Trolli—, aunque no sabría decir qué...

—Será que me he cambiado de camisa.

—¡No! —exclamó Timba—. Ya sé lo que es: ¡lleva el parche en el otro ojo!

—¡Es cierto! —exclamaron Trolli y Mike a la vez.

—Ah, eso —empezó a responder Rius, mientras Raptor sonreía—. Pues claro, me lo cambio todas las semanas.

—¿Pero no es usted tuerto? —preguntaron, ahora los tres Compas a coro.

—¡Qué va! ¿Por qué habéis pensado eso? ¡Menuda idea! Llevo el parche para no gastar los dos ojos a la vez. Así cada semana uso uno y me duran más.

—Eso sí que es lógica redonda, y no la mía...

—Bueno, está claro que en esta tierra todos los misterios tienen explicación. Menos uno: ¿qué vamos a hacer estos días extra de vacaciones? —preguntó Trolli—. Y no me digas que «dormir», Timba, que te veo...

—Tranqui, vinagrito, que no digo nada.

—Yo tengo una idea —dijo entonces Raptor—. Y estoy seguro de que os va a encantar a todos.

—¿Qué idea? —preguntaron los otros cuatro (el coro iba creciendo).

—Bueno, después de tantas aventuras, lo que no ha aparecido por ninguna parte es el famoso tesoro de Juan Espárrago. ¿No creéis que deberíamos hacer algo al respecto?

—¡Buena idea, rayos y truenos! —exclamó Rius—. No me vendrá mal algo de ayuda para encontrar el tesoro de mi antepasado.

Los Compas se miraron sin decir nada, hasta que, de pronto, Mike empezó a cantar:

—¡¡¡Dia-man-ti-to, dia-man-ti-to!!! ¡¡¡Riquezas y tesoros a mi alrededor!!! ¿Cuándo salimos?

Los Compas se echaron a reír y brindaron por lo que prometía ser una nueva aventura. Pero...

Un momento, un momento. Con este diálogo acababa el episodio anterior de los Compas. Sí, ¿no lo has leído? En él los Compas se enfrentaron a una bestia diabólica llamada el Titán Oscuro. Cumpliendo una vieja profecía lo derrotaron y se hicieron además con una valiosa joya: el diamantito legendario. Entonces, ¿por qué este nuevo episodio arranca aquí?

Porque apenas habían tenido tiempo de celebrar su triunfo, cuando la alegría de los Compas se vio interrumpida por una voz nada familiar:

—¡No sé cuándo van a salir, pero me temo que no va a ser hoy!

La voz procedía de un corpulento y estirado oficial de policía con grandes bigotes y acompañado de media docena de agentes.

—¿Se puede saber quién es usted? —preguntó Trolli, preocupado por las pintas del tipo.

—Soy el sargento Pimiento, jefe supremo de la policía de Tropicubo. —Lo de «sargento» resultó chocante a nuestros amigos, porque iba tan adornado que parecía un general, con el uniforme repleto de medallas y botones dorados. Los agentes vestían de un modo más convencional—. Tengo muy malas noticias para vosotros tres, forasteros. Sois Trolli, Timba y Mike, ¿verdad?

—Así nos llaman —afirmaron al mismo tiempo los tres amigos.

—Pues aquí traigo una orden para arrestaros inmediatamente —respondió Pimiento, mostrando un papel arrugado con un sello oficial y lleno de palabras largas e incomprensibles.

—¿Qué has hecho, Timba? —acusó Trolli a su amigo, mirándole con ojos sospechosos.

—¿Yo? Nada. Prometo que lo único que soy capaz de hacer de seguido es dormir a pierna suelta.

—¿Entonces por qué nos quiere arrestar este tío?

—¡No! —gritó de pronto Mike—. Esa caca en la alfombra del hotel no es mía.

—¿Te has hecho caca en el hotel?

—Está bien, confieso. ¡Pero no me castiguen sin comer chocolate! Soy demasiado joven para pasar hambre.

—Pero qué tonterías dices, Mike... Seguro que ese no es el motivo.

—Pues claro que no —cortó la conversación el sargento, un poco harto—. La policía de Tropicubo, departamento que tengo el honor de dirigir, ha estado investigando muy a fondo vuestra supuesta pelea con el Titán Oscuro. No estoy tan seguro de que seáis unos héroes, vistos todos los destrozos que ese asunto causó. Por lo tanto, y tras arduos esfuerzos por los que me he autoconcedido la Medalla al Mérito de Tropicubo, he llegado a la conclusión de que todo eso no ha sido más que un montaje que habéis preparado para ocultar los resultados de vuestro... vandalismo.

—¿Lo dice en serio? —protestó Trolli.

—Esto tiene que ser una broma, o un chiste, o algo —añadió Mike, con cara de incredulidad.

—Pues ahora que lo comentas, me sé un chiste de uno que va y dice...

—¡Timba, no es momento para tus tonterías! —exclamó Trolli.

—Pero, vinagrito...

—¡Basta de chorradas! —exclamó el sargento Pimiento—. ¡Quedan detenidos!

—Pero, pero... no puede ser —protestó Mike, mientras los agentes procedían a esposar a los tres Compas—. Todo el mundo sabe que nosotros salvamos Tropicubo. Y la alfombra del hotel estaba ya muy vieja y no soy el único perro que...

—¡Que no es por eso! ¡Y no hay ninguna prueba de que hayáis salvado a nadie! —exclamó el sargento—. Tampoco hay testigos que certifiquen que todo lo que habéis contado sea cierto. La única evidencia es que habéis provocado destrozos. No, muchachos, no me miréis así —añadió, bajando el tono—. Yo solo cumplo con mi deber. Si sois inocentes, lo demostraréis en el juicio.

—¿Juicio? —preguntó Trolli.

—Claro. Vais a ser llevados a los calabozos del tribunal en espera de juicio. Es lo que dicta el manual para estos casos.

—¿Tardará mucho? —interrumpió Timba—. Lo digo por si puedo aprovechar para dormir una siesta.

—Seguro que podrás, chaval: se celebrará la vista mañana por la mañana —respondió Pimiento.

—Jo, qué poco tiempo.

—Yo lo que espero es que nos den de comer.

—No os preocupéis, chicos —dijo, con una sonrisa, el sargento—. Creo que vais a tener bastante tiempo para dormir siestas y comer pan y agua... ¡a la sombra! Llevadlos al juzgado, muchachos.

De esta manera tan extraña, y tras ser introducidos en el coche celular para su traslado, los Compas iniciaban, mucho antes de lo previsto, su siguiente aventura.

1. UN JUICIO INJUSTO

Tras pasar toda la noche en un calabozo de los juzgados de Tropicubo, el estado de ánimo de los tres Compas era... variable. A nadie le gusta estar encerrado, claro, pero también es verdad que cada persona se toma las cosas a su manera.

Por ejemplo, Mike se entretuvo devorando la comida que el guardia trajo para los tres. Básicamente se trataba de pan duro con unas lonchas de algo parecido al chóped, aunque Trolli no estaba de acuerdo en este detalle.

—Es tan fino y seco que parece papel de periódico. Incluso creo que lleva impresa la noticia de nuestra detención —se quejó Trolli.

—Ñam, ñam... No está tan mal —fue la respuesta de Mike—. El pan está un poco duro.

—Puedes remojarlo con el agua que nos han puesto en esa jarra —añadió Trolli—. ¡Pan y agua, tío, como en las películas malas! Esto sabe a aguachirri... ¡Yo quiero café y galletas! Además, ¡¿qué hemos hecho?! Yo no me creo eso del vandalismo.

—Al final va a ser lo de la caca en la alfombra del hotel, ya verás —se lamentaba Mike.

—¡Guardia, guardia!

A las voces de Trolli respondía siempre un coro de gruñidos procedentes de los presos de otras celdas.

—¡Cállate ya, *pesao*! —soltó una voz ronca desde la celda de enfrente—. Si llego a saber que ibas a hacer tanto ruido, no me habría saltado aquel semáforo en rojo.

—Ese tipo tiene razón —dijo entonces Timba—. Vinagrito, no me dejas pegar ojo, no haces más que quejarte.

—¿Pero es que soy el único que se da cuenta de la situación? ¡Que estamos presos sin haber hecho nada!

—Pues entonces seguro que tampoco nos pasa nada. Nada por nada igual a nada.

—Creo que no era así —respondió Trolli, intentando recordar su libro de mates.

—Bah, amigos, todo esto es un error. Y sin duda tendremos un buen abogado: somos los héroes de Tropicubo —zanjó la cuestión Timba, antes de seguir *esforzándose*, es decir, durmiendo.

—Madre mía, vaya dos colegas que tengo... —se quejó Trolli, mirando cómo caía la noche al otro lado de los barrotes de la ventana.

Como había prometido el sargento, no tuvieron que esperar demasiado para el juicio. En Tropicubo la gente es madrugadora y apenas las luces del alba iluminaron la celda, un guardia malencarado (vamos, más feo que un bloque del Nether) golpeó con su porra los barrotes de la puerta.

—¡En pie! ¡Vamos, arriba, panda de delincuentes! Os espera el juez. ¡Y el fiscal, ja, ja, ja!

—¿Pero de qué se ríe este tío?

—Aquí no hay quien se esfuerce con este jaleo.

—Tengo hambre. ¿Y el desayuno?

—¡Vamos, andando, inútiles! —exclamó el guardia tras abrir la puerta enrejada.

Los tres Compas, aún medio dormidos y agotados por la mala noche, fueron llevados a través de un pasillo largo y lúgubre. Había incluso telarañas en los rincones y manchas de humedad. Al parecer en el juzgado de Tropicubo no se gastaban mucho dinero en cuidar las partes destinadas a los detenidos.

—Madre mía, qué pocho está todo —comentó Mike—. Huele peor que un perro mojado. O sea, que yo mismo...

—¡A callar! —gritó el guardia—. Ya hemos llegado. ¡Adentro!

Al decir esto abrió una gran puerta de madera labrada. Y lo que nuestros amigos vieron al otro lado los dejó de piedra. Claro, tras el pasillo tan deteriorado no esperaban que la sala de juicios fuera tan esplendorosa. Había grandes columnas talladas, un estrado de madera muy bien decorado, asientos de alto respaldo forrados en terciopelo para las autoridades... y tres banquetas bastante incómodas y hechas polvo para los detenidos.

—¡Venga, vosotros tres, sentaos ahí!

—Soy un perro —se quejó Mike—. No puedo sentarme en una banqueta.

—¿Seguro que no? —sonrió malignamente el guardia.

—Sí, sí, sí que puedo, excelencia —afirmó Mike al ver la porra con la que le amenazaba.

Mike se sentó como pudo y sus dos amigos hicieron lo propio. Un segundo después comenzó a entrar el público. Había varios ciudadanos de Tropicubo, incluido Raptor, pero entre todos ellos destacaba el sargento Pimiento, que miró con una extraña sonrisa a los Compas. Sus ojos brillaban con un poco de maldad debajo de su gorra. A Timba lo que le extrañó fue no ver a Rius por allí.

A continuación entró en la sala el fiscal acusador, un tipo delgaducho y trajeado, con la cabeza en forma de cebolleta.

—Su excelencia Cebollito, fiscal del distrito —anunció el agente—. Todos en pie.

A continuación entró en la sala el abogado defensor... Nadie lo anunció.

—¿Rius? —preguntó Trolli, alucinado, al verlo pasar vestido con una toga negra muy vieja y llena de parches.

—Eso me temo, chicos —contestó el viejo marino—. La alcaldía me ha designado como vuestro defensor.

—Pero, pero... ¿tienes conocimientos de leyes? —preguntó Mike, haciendo equilibrios sobre la banqueta.

—Me temo que no. ¡Si ni siquiera me he aprendido bien el código de navegación, y eso que llevo toda la vida en un barco! Solo me han prestado esta toga, que está hecha polvo.

—Pues estamos apañados...

—¡Todos en pie! —gritó el guardia—. Recibamos con un aplauso al juez (y alcalde de Tropicubo)... ¡Señor Donald Trompeta!

Aún resonaban en el aire estas palabras cuando entró por una puerta lateral de la sala un hombre más bien corpulento con cara de bonachón. Iba vestido con una toga negra más lujosa que la de Rius y llevaba un peinado muy raro, con el flequillo en forma de trompeta, como su propio nombre indica. Encima del pelo llevaba, de mala manera, una peluca blanca de juez que le daba un aspecto ridículo. Timba no pudo evitar un comentario:

—Vaya pinta que tiene hoy, señoría...

Al oír esto el juez se volvió hacia los Compas y, sacando una trompeta pequeña del bolsillo de la toga, dio un toque largo que dejó medio sorda a la concurrencia. Su gesto bondadoso se transformó en una cara de vinagre tremenda.

—¿Dónde se ha creído que está, muchacho? A la próxima le acuso de desacato.

—Timba —dijo Trolli por lo bajo—, ¿es que quieres que nos condenen de antemano? Calla la boca.

—Vale, vale. Seré bueno.

—Que empiece el juicio —dijo el juez Trompeta, una vez sentado al frente del tribunal—. Fiscal Cebollito, proceda con la acusación.

—Sí, señora. Quiero decir, «señoría». Es que esa peluca me confunde.

—Pero me queda bien, ¿no?

—Sin duda, señoría. Está usted guapísimo.

—Va usted muy bien, señor fiscal. No me cabe duda de que lleva este juicio de carril.

—Gracias, señora. Digo «señoría». Y ahora al grano: los tres acusados, conocidos bajo el alias de «Compas», son responsables de vandalismo, destrucción, gamberrismo, estragos, caos y… de hacer mucho ruido y no dejar dormir a la gente.

—Excelente, señor fiscal —cortó el juez—. Quedan declarados culpab…

—¡Protesto, señoría! —intervino Rius—. Mis amigos, digo mis clientes, deben tener ocasión de defenderse.

—Ah, sí, es verdad. Qué rollazo. Esto de ser juez es peor aún que lo de ser alcalde. Proceda con la defensa pues, pero no se enrolle, que tengo que irme a inaugurar papeleras.

—Señoría —procedió Rius—, mis defendidos son inocentes de todas las acusaciones. De hecho son unos héroes que salvaron Tropicubo de las maldades del Titán Oscuro.

—¿Tiene alguna prueba de lo que dice? —preguntó Trompeta.

—Sí, por supuesto. Aquí, en esta carpeta que he… ¿Dónde la he puest…? ¡Mike!

—¿Qué pasa, qué pasa? —preguntó el aludido. Al hacerlo eructó y de su boca salieron disparados unos trocitos de papel y cartón.

—Mike, ¿te has zampado las pruebas de la defensa? —preguntó Rius, con los ojos como platos.

—¿Esto eran las pruebas? Pensé que era mi desayuno.

—¡Madre mía, madre mía! ¡Vaya dos, el glotón y el vago! —se lamentó Trolli, llevándose las manos a la cabeza—. Rius, ¿no hay testigos a nuestro favor?

—No, ni uno. Nadie se ha atrevido a venir…

—Tranqui, vinagrito. No pasa nada. Somos inocentes. Confía en la Justicia.

El juez se colocó la peluca, que se le caía para un lado, y se dirigió a la sala.

—No he visto un caso más claro en mi vida —anunció—. No obstante, ¿hay alguien en la sala que quiera decir algo sobre este asunto? Pero algo gracioso, por favor.

El sargento Pimiento levantó la mano.

—Sargento, acérquese al estrado y diga lo que tenga que decir.

—Señoría —empezó a hablar el sargento—, no me cabe duda de que estos tres muchachos... Qué digo muchachos... ¡Estos tres bandidos! Sí, estos tres delincuentes... son culpables. Lo prueba el mero hecho de que yo los haya detenido. Si fueran inocentes, no estarían aquí, ¿verdad?

—Cuánta razón tienes, hermano. Digo sargento —aplaudió el fiscal Cebollito.

—El sargento y el fiscal son hermanos —dijo Trolli—. Esto parece el típico juicio amañado.

—No adelantes acontecimientos, Trolli —respondió Timba, siempre lleno de optimismo—. La Justicia no puede equivocarse.

—La palabra del sargento es suficiente prueba para mí —soltó de pronto el juez, tras lo cual pegó otro toque de trompeta que hizo salir volando su peluca.

—¡Un momento! —exclamó Trolli—. ¿Pero qué clase de juicio es este? ¿No se supone que uno es inocente mientras no se demuestre lo contrario? ¡Lo están haciendo todo al revés!

—¡Exacto! —añadió Mike—. Además, nadie me vio hacer caca en la alfombra del hotel.

—Bueno —intervino el fiscal—, por si alguien duda, miren: tengo esta foto que prueba que los Compas eran amigos del Titán Oscuro. Todo eso que cuentan de que lo mataron no son más que trolas.

Diciendo esto el fiscal enseñó una foto en la que se veía a Mike, Trolli y Timba bailando con el Titán en una discoteca.

—Pero... ¡Esta foto es falsa! —protestó Trolli—. Son nuestras caras pegadas de mala manera sobre los cuerpos de otros. Si se nota el Photoshop por todos los lados.

—Yo nunca me pondría esos pantalones —indicó Timba, colocándose bien el pelo.

—Y yo soy un perro. ¡Y ese cuerpo de la foto es de una persona! —señaló Mike.

—Que les acuso de desacato, muchachos —trompeteó de nuevo el juez—. Está prohibido discutir las pruebas. Creo.

—Solo ejercemos nuestro derecho a la defensa.

—Es cierto. Y lo hacen muy bien. Por eso voy a hacer que su pena sea mucho más leve de la que merecen.

—Ah, pues muchas gracias —respondió, con una sonrisa aliviada, Trolli.

El juez permaneció callado unos instantes, pensativo, mientras el público, el fiscal, el sargento y por supuesto los Compas permanecían expectantes.

—La foto es incuestionable. ¡Quedan declarados culpables! La condena será de cadena perpetua.

—¡Protesto, señoría! —gritó Rius—. Es demasiado para una acusación de vandalismo.

—Tiene razón, tiene razón —admitió el juez—. Lo dejaremos en... trescientos años y un día. Y la pena se cumplirá en... la isla de Alcutrez.

—¡Uffff, ya pensé que me castigarían sin chocolate! —dijo Mike, aliviado.

—¡Nooooooooo! —gritó Timba, de repente.

—¿Por qué gritas, loco? —le preguntó Mike.

—Este... Bueno, por el nombrecito. Es que eso de «Alcutrez» suena fatal, ¿no?

—¡Peor suena «trescientos años y un día»!

—Bueno, tocamos a cien cada uno, no es para tanto —dijo Mike.

—¿Y te parece poco? Cuando cumplamos la condena estaremos muertos.

—O peor aún… —añadió Timba—. ¡Seremos viejísimos!

—Es verdad —terminó Mike—. Ahora que lo pienso, eso es bastante más que una vida perruna.

—¡Melocotóóóóóón! —gritaron, ahora a coro, los tres Compas.

—Y yo que creía que la Justicia no se equivocaba nunca… —se lamentó Timba.

—¡Vamos, cerrad la boca y venid conmigo! —ordenó el guardia, que parecía muy contento con la condena—. Os va a encantar el viaje.

Una vez en el exterior, un barco policial esperaba a nuestros amigos para llevarlos a la isla donde se levantaba la temible cárcel de Alcutrez, una prisión de máxima seguridad construida sobre una roca en medio del mar. Nadie había escapado nunca de allí, de ese lugar siniestro donde iban a parar los peores delincuentes.

Desde la cubierta del navío los tres Compas, esposados y custodiados por los hombres del sargento Pimiento, vieron con desesperación cómo sus amigos Rius y Raptor los miraban desde la orilla sin saber qué hacer.

—No os preocupéis —les dijo el guardia—. Volveréis a ver a vuestros amigos... ¡dentro de un siglo! ¡Si es que sobrevivís en la cárcel! ¡Ja, ja, ja, ja, ja!

2. El primer día en prisión

Qué diferente es viajar por mar cuando vas prisionero en lugar de viviendo aventuras. Apretujados en aquella pequeña barcaza, los Compas podían ver cómo el oleaje furioso golpeaba el casco del barco policial. En cualquier momento podían irse a pique y quedar a la deriva en aquel cascarón de nuez.

—¡Después de tantos esfuerzos, acabar así! —se lamentaba Trolli.

—Esto ha sido una encerrona —gruñó Mike.

—¡Zzzzzzzz! —roncó Timba.

—Este, a lo suyo. Qué envidia me da.

—¡Silencio los prisioneros! —berreó el agente que manejaba el timón del barco.

La isla de Alcutrez era un gran arrecife rocoso, probablemente de origen volcánico, que emergía de las aguas a varias horas de viaje por mar de Tropicubo. Desde aquel lugar remoto no se veía más que la inmensidad del océano por todas partes. No cabía la menor duda: el que había elegido aquel emplazamiento estaba decidido a que nadie se fugara jamás de allí.

Y la cárcel... Su aspecto era terrorífico, sobre todo a esa hora del día, con la luz del atardecer. Tanto miedo daba que hasta Timba perdió el sueño por un rato cuando la vio por primera vez, acercándose

poco a poco entre el bamboleo de las olas. Más que una cárcel parecía una vieja fortaleza medieval construida en piedra negra. Sus formas se adaptaban a las de la roca que le servía de cimiento: alargada, con una alta torre con almenas en cada extremo, estaba llena de ventanas guarnecidas con gruesos barrotes. Alrededor se extendía una alta alambrada de púas y muchos carteles de advertencia: «¡Peligro, campo de minas!», «Cuidado con el perro», «Prohibido fugarse. Los infractores serán encarcelados por diez años más». Y otras del mismo estilo.

Para desembarcar había un único punto de acceso, un viejo muelle flanqueado de arrecifes. Las olas golpeaban el barco y lo movían a un lado y a otro. El acceso al muelle era tan estrecho que los Compas creyeron llegada su hora final:

—¡Cuidado, vamos a chocar contra las rocas!

—¡Melocotón!

—¡Mamá!

Sin embargo, el timonel del barco parecía más que acostumbrado a navegar en aquellas aguas, por peligrosas que fueran. Tras algún zarandeo, el cascarón de nuez atracó en el muelle sin ningún incidente, aparte de estar a punto de atropellar a un grupo de sardinas.

La verdad es que llamar «muelle» a aquello sería un poco excesivo. Era más bien una pasarela de tablones medio podridos sobre la que tanto guardias como presos debían caminar haciendo equilibrios. Para el agente era fácil, pero no para nuestros amigos, que iban esposados. Solo Mike, al caminar a cuatro patas, pudo al menos mantener el equilibrio con más facilidad. Pero Timba, pasmado de miedo por el aspecto amenazador de la cárcel, no se fijaba en dónde ponía los pies.

—¡Cuidado, Timba! —le gritó Trolli, que iba detrás, al verle resbalar sobre los tablones.

—¡Que me caigo! —exclamó, aterrado—. ¡No me mola nada el *parkour*!

Bajo él, a varios metros de distancia, las olas furiosas chocaban contra unas rocas afiladas como cuchillas de afeitar. Timba hizo un esfuerzo por mantenerse sobre la pasarela, pero no había manera. ¿Así iban a acabar sus aventuras, de una forma tan miserable?

—¡Adiós, amigos! —gritó—. ¡Este es mi fin!

Trolli, ante la situación desesperada, decidió jugarse el todo por el todo para salvar la vida de su amigo. No pelea uno contra el Titán Oscuro y le vence para acabar hecho puré en un islote perdido. Tomó impulso y se lanzó sobre

Timba como un misil. El impacto fue duro, pero logró su objetivo: Timba, más sorprendido que asustado, salió proyectado hacia la plataforma de piedra situada al otro extremo de la pasarela. Rodó por el suelo y, aunque algo maltrecho, quedó a salvo. Trolli, llevado de su propio impulso, cayó encima de su amigo medio segundo más tarde.

—¡Ufffff! ¡Por los pelos! ¡Gracias, Trolli!

—No hay de qué —respondió el aludido, levantándose del suelo.

—¿Habéis acabado ya con las tonterías, prisioneros? —dijo el malhumorado agente, que no había movido ni un dedo para ayudar a nuestros protagonistas—. ¡Vamos, seguid andando, para dentro!

Al pronunciar estas palabras, como si hubiera dicho «Ábrete, sésamo», el portón de hierro que constituía el único acceso a la cárcel giró sobre sus goznes con un chirrido espeluznante.

—Aquí no dejan ni un solo detalle al azar —comentó Mike, temblando de miedo—. Hasta la puerta es como de peli de terror.

Si solo hubiera sido cosa de una bisagra mal engrasada... Apenas acabó de abrirse el portón, del interior de la cárcel salió una peste horrenda. Una mezcla de olor a pies, coliflor hervida y rata muerta. Trolli, que ya venía un poco mareado del viaje en barco, casi se desmaya.

—¡Ay, Roberta, vaya tufo!

No debería haberlo dicho en voz alta, porque aún no habían puesto los pies en el interior del vestíbulo de acceso al penal y ya estaban sonando las risas de los demás presos. Procedían de las celdas que jalonaban todo el interior, hasta una altura de cuatro pisos:

—¿Te parece que huele mal, pringao? ¡Pues ya verás las celdas!

—¡Mirad a esos tres novatos!

—¡Aquí lo vais a pasar muy bien!

—¡Jua, jua, jua!

Los Compas miraron en todas direcciones, a izquierda, a derecha, arriba, abajo... Bueno, hacia abajo no, porque ahí solo estaba el suelo. Vieron algunos presos paseando por aquí y por allá, aunque la mayoría les tomaba el pelo desde lo alto de las galerías. Algunos les tiraban rollos de papel higiénico, como en las series de la tele.

—¡Ya basta! —gritó entonces un carcelero guapete, aunque con cara muy seria—. ¿Estos son los nuevos?

—Sí, señor —respondió el agente, quitando las esposas a los Compas—. Listos para la entrega.

—Excelente. —Tras dar a firmar un recibo, el agente regresó a su barco, quedando los Compas a disposición del carcelero, que miraba a los recién llegados con mucha atención. De pronto, con una gran sonrisa, exclamó—: Bienvenidos a bordo, muchachos. Me llamo Invíctor y seré vuestro anfitrión durante el tiempo que estéis aquí.

—Trescientos años y un día —indicó Trolli, sorprendido por el repentino tono amable del uniformado.

—¡Eso se pasa volando! —exclamó Invíctor, sin perder la sonrisa—. Y no hagáis caso de las tonterías de los demás presos: es su forma de saludar a los nuevos. En realidad, este es uno de los mejores momentos que vais a pasar aquí durante vuestra estancia.

—Madre mía, pues no quiero saber cuál va a ser el más horrible —se lamentó Mike, mientras seguían a Invíctor hacia una habitación sobre cuya puerta ponía «Vestuarios».

—Creo que ese momento ya ha llegado —dijo entonces Timba, viendo los uniformes naranjas que les esperaban, colgados de unas perchas—. ¿Es esto necesario?

—Ya lo creo, chicos. Aquí todo el mundo va de uniforme. Además, me temo que vais a tener que depositar las gafas de sol, el collar perruno y esa corona que lleváis. Normas de la cárcel.

—¡Noooooooo! —exclamaron los Compas a la vez. Ya empezaba a ser una costumbre.

—Venga, chicos, venga.

—Yo soy un perro, no debería estar aquí —protestó Mike.

—¿Preferirías estar en la perrera? —preguntó Invíctor.

—No, no... Seré bueno.

Timba y Trolli se enfundaron los pantalones y la camiseta y a continuación ayudaron a Mike a encajar dentro de su uniforme, que, por ser un perro, consistía solo en la parte de arriba. Una vez vestidos de color mandarina, nuestros amigos se sintieron definitivamente atrapados. Bueno, atrapados, atrapados... Eso más bien cuando Invíctor les enseñó su celda. La que iba a ser su «casa» durante los trescientos años siguientes.

—Acomodaos como queráis, muchachos —les dijo Invíctor, saliendo de la celda—. Luego os informaré del horario de comidas, paseo, ejercicio físico y trabajo.

—¿Trabajo? —preguntó Mike, temblando.

—¿Ejercicio físico? —le hizo eco Timba, temblando todavía más.

—Oye, esto... —empezó a decir Trolli, echando un vistazo a la celda, pero Invíctor ya se había ido.

La celda apenas medía tres metros de largo por dos de ancho y otro tanto de alto. Más que una habitación parecía una caja de zapatos. A cada lado había sendas literas con dos colchones cada una. Y al fondo un ventanuco con una reja gordísima. Esto era la parte buena, porque en el centro del cuartucho había...

—¿Un retrete? ¿Ahí en medio?

—Jo, tío, qué asco...

—Y las camas... Mirad las sábanas: son como de papel. Y no hay mantas.

—Hablando de camas —soltó Timba—. Voy a procurar evadirme de esta triste realidad durmiendo.

Y sin encomendarse a nadie, se lanzó como un cohete sobre la cama alta de la derecha. Al aterrizar hizo un sonido como de «plof» seguido de un...

—¡¡¡Aaaaaaayyyyy!!! ¡Pero qué haces, idiota, ten cuidado! —exclamó una voz chillona—. ¡Esta es mi litera!

—Ay, madre, que no estamos solos —observó Timba, regresando al suelo.

—¡Pues claro que no! —continuó la voz—. Las celdas son para cuatro. ¿No os habéis dado cuenta? ¿Quién diablos sois vosotros?

Al decir esto, el que hablaba sacó la cabeza de debajo de las sábanas. Era un ser parecido a un mapache, pero de color azul, vestido con el mismo uniforme que Mike: solo la parte de arriba.

—Somos los Compas —respondió Trolli—. Mike, Timba y yo, Trolli.

—¿Y tú? ¿Cómo te llamas, amigo mapache? —preguntó Timba.

—¿Mapache? —contestó el otro, repentinamente furioso—. ¿Quién es un mapache?

—Hombre, pues... —empezó a decir Timba, pero pensó que era mejor callarse.

—Me llamo Flex. Y no soy un mapache. Recordadlo...

—Vale, vale. Encantados de conocerte —respondieron los Compas a la vez, mostrando todos una sonrisa muy grande y más bien forzada.

Tras las presentaciones, cada uno de los Compas escogió una litera y abrió el «kit de bienvenida» que les había dado Invíctor: una pastilla de jabón, una toalla acartonada, un peine y un cepillo de dientes. No había pasta dentífrica, tendrían que utilizar el jabón normal. Así eran las cosas en la cárcel.

—No os preocupéis, chicos —rio Flex—. Con la comida tan mala que dan aquí no hace falta lavarse mucho los dientes.

Pronto tuvieron ocasión de comprobarlo. De pronto sonó un toque de trompeta y todos los presos salieron de sus celdas para formar en el ancho vestíbulo de la galería. Los Compas imitaron al resto.

—El sonido de esa trompeta me suena —empezó a decir Trolli.

—Claro que te suena —le respondió Timba—. Mira quién viene por ahí...

Muy tieso en su uniforme de jefe de la prisión venía nada menos que Donald Trompeta, con su extraño peinado y en compañía del cuerpo de carceleros al completo.

—Bien, bien, bien, veo que ya han llegado los nuevos —exclamó Donald.

—Por supuesto, señor, su gestión es de lo más eficaz —le dijo uno de los carceleros, un pelotillero que se parecía bastante al sargento Pimiento y al fiscal Cebollito.

—Gracias, carcelero Romero. ¿Cómo estáis, muchachos? —preguntó el juez, alcalde y jefe de la cárcel dirigiéndose a los Compas.

—¿Bien? —contestó Mike.

—Excelente respuesta, perrito.

—Gracias, señora. Digo, señoría.

—No, no, nada de «señoría». Aquí soy el señor alcaide.

—¿Lo de «alcalde» no era en Tropicubo?

—«Alcaide», o sea, jefe de la prisión —aclaró Trolli.

—Muy bien, muchacho. Acabas de quitarte de encima una hora de condena. Sigue así y saldrás de aquí un par de días antes de lo previsto.

—Qué bien...

—Y ya vale de cháchara. Tengo muchísimo trabajo. Espero que os sea agradable este día, el primero de los próximos...

—Ciento nueve mil quinientos... Día más o menos —aclaró Romero, que era rápido multiplicando.

Sí, casi ciento diez mil días de encierro por delante. ¡Casi nada!

Tras dejar caer esta losa sobre nuestros amigos, el pluriempleado Donald Trompeta se largó. Había llegado la hora de la cena y los presos fueron conducidos al comedor. Era una sala grande, sin más decoración que un reloj, con grandes mesas blancas y bancos del mismo color.

En la cola para coger la comida empezaron a darse cuenta de que todo aquello iba en serio. Muy en serio.

—¿Pan duro y langostinos? —preguntó Trolli—. ¿En serio?

—En serio —contestó el preso que servía la comida.

—Pero yo soy Trollino y no me gusta el langostino.

—Entonces vas a adelgazar mucho, porque no hay otra cosa. ¡El siguiente!

—Sí que se me va a hacer largo esto...

Los Compas se sentaron solos en una mesa apartada. Al cabo de un instante Flex se unió a ellos.

27071

—¿Qué tal, parguelas? ¿Ya lo vais pillando?

—Más o menos.

—Dejadme que os cuente de qué va: aquí nos hacemos favores unos a otros. Y no está bien no devolver un favor.

—Claro, es de lógica —respondió Mike.

—Pues ahí va mi primer consejo: tened mucho cuidado, que aquí a la mínima te buscas un problema bien gordo.

—Vale —asintió Trolli, zampándose el pan, que parecía hecho con piedras trituradas.

—Creo que no lo habéis pillado —insistió Flex.

—¿El qué?

—Que hay que devolver los favores —contestó el mapache—. Y yo os acabo de hacer varios.

—¿Cuáles? —preguntó Timba, extrañado.

—Primero, sentarme con vosotros. Segundo, daros consejos. Estoy esperando mi paga...

Trolli miró su plato. Cogió los langostinos y se los dio a Flex.

—Toma, tu paga. Espero que te gusten.

Entonces miró el reloj de la pared. No quedaba mucho para que acabara esa primera jornada de prisión. Solo les quedaban otros ciento nueve mil cuatrocientos noventa y nueve días de nada...

3. LA BANDA DE LOS PIGMAN

—¡Arriba, muchachos, empieza un nuevo día!

La voz de Invíctor, alta y clara, iba acompañada por el clásico sonido de la porra golpeando los barrotes.

—¡Porras! —se quejó Trolli, despertándose de golpe—. ¿Hace falta hacer tanto ruido?

—¡Es para dar ambiente! —se rio Invíctor—. Además, viene que hay que hacerlo así en el *Manual del carcelero*.

—No me digas... ¿En qué edición? —respondió Trolli, sin ánimo de bromear—. Chicos, arriba, nos espera otro día de... ¡Timba! ¿Estás despierto? ¿Antes que yo?

—Pues sí... No te sorprendas, es que no hay manera de dormir con el ruido que hacen tus tripas vacías.

—Ni con los ronquidos de ese —se quejó Flex, señalando a Mike, que seguía durmiendo sin enterarse de nada.

—¡Arriba, vago! —gritó Trolli.

—¿Qué pasa, qué pasa? —exclamó Mike—. Oh, no. Seguimos aquí. Pensé que todo había sido una pesadilla.

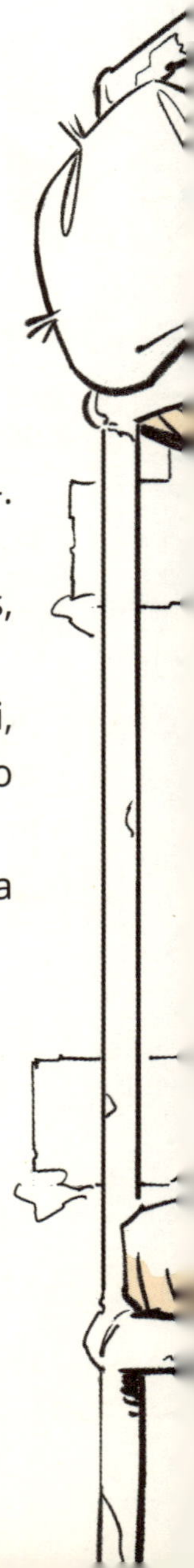

—¡Vamos, chicos, arriba! —siguió vociferando Invíctor por la galería—. ¡Es hora de desayunar y hacer un poco de ejercicio!

—Me temo que la pesadilla no ha hecho más que empezar —sentenció Timba, levantándose de la litera.

Mientras Invíctor seguía despertando a la gente, Romero el carcelero iba abriendo las celdas.

—¡Venga, vosotros, los nuevos, fuera también! —ordenó.

—Esto... Señor, querría pedirle una cosa —empezó a decir Mike—. Verá, hemos pasado bastante frío esta noche. ¿No sería posible que nos diera unas mantas, como las que tiene el mapach..., digo Flex?

—Mantas, ¿eh? ¡Aquí los privilegios hay que ganárselos! —gritó Romero.

—Pero es que nos vamos a helar —intervino Timba.

—Es cierto, señor carcelero —añadió Trolli, tiritando.

—Vale, vale... Parece que sois buenos chicos —respondió el guardia, con una amplia sonrisa—. Por ser vosotros... Cinco cubodólares. Cada manta.

—¿Cinco? —se sorprendió Timba—. Pero si no tenemos ni un duro.

—Entonces, me temo que vais a pasar frío. ¡Venga, fuera de una vez, a desayunar!

Al no tener más remedio, los Compas obedecieron y marcharon de inmediato al comedor. Una vez allí se llevaron una nueva sorpresa. O quizá no lo era en realidad.

—¿También hay langostinos para desayunar? —preguntó, desalentado, Trolli.

—Claro. Y para comer, merendar y cenar —les explicó Flex—. Los pescamos nosotros mismos, entre las rocas de la isla. Así sale más barato dar de comer a esta gente.

—Madre mía, me voy a morir de hambre.

—¿Se puede salir a las rocas? —preguntó Timba.

—Solo algunos presos de confianza —fue la respuesta de Flex.

Terminado el escaso desayuno, los detenidos fueron llevados por Invíctor al gimnasio de la prisión. Había cambiado su uniforme de carcelero por un chándal con calentadores y una cinta para el pelo que le cubría la frente. Según entraban los presos les iba dando cintas y calentadores a todos. Si no fuera por los uniformes de color naranja aquello habría parecido un gimnasio de finales del siglo XX.

—¡Vamos, chicos, hay que mantenerse en forma! —exclamó Invíctor poniéndose a dar saltitos y palmadas—. ¡Uno, dos, tres...!

—Ahora lo pillo —dijo Timba, muy desanimado ante la perspectiva de tener que hacer ejercicio—. En realidad nos han condenado a muerte, pero despacio.

—Dímelo a mí —se lamentó Trolli—. Entre la dieta de pan duro y la gimnasia, no voy a durar nada. ¡Aaaaayyyy, Robertaaaa!

—Chicos, chicos, no os vengáis abajo tan rápido —intervino Mike—. Tenemos una baza.

—¿Cuál? —preguntaron Timba y Trolli a la vez, sin dejar de dar saltos.

—En la cárcel, con dinero, las cosas no son tan malas. Ya hemos visto que los guardias se dejan sobornar. Seguramente podríamos comprar comida o el privilegio de no hacer gimnasia.

—Sí, o unas mantas, ya lo hemos visto —respondió Trolli—. ¿Y de dónde sacamos el dinero?

—Tenemos el diamantito —propuso Timba.

—Ah, no, mi diamantito no —respondió, rápido como un rayo, Mike—. Yo había pensado más bien en pedirle un préstamo a Rius. Ya se lo devolveremos cuando salgamos dentro de trescientos años y un día...

En ese instante una nueva orden de Invíctor interrumpió la conversación durante unos segundos. Tras el calentamiento, había llegado el momento de «hacer máquinas». Lo que pasa es que las máquinas de ejercicio de la cárcel eran un tanto peculiares. La primera de ellas consistía en una bola de presidiario con una cadena. Había que levantarla en el aire y arrojársela al compañero más cercano. Y así sucesivamente, como jugar al balón prisionero, pero con un boloncio de hierro de quince kilos de peso.

—Este juego me parece un poco peligroso —advirtió Trolli, pasando la bola a Timba con mucho esfuerzo—. Pero tengo que decir que por una vez estoy de acuerdo contigo, Mike. No hemos conseguido el diamantito legendario para ahora malgastarlo en esta prisión.

—Escuchad los dos: tenemos para rato de estar aquí —insistió Timba, lanzando la bola a otro preso—. ¿Para qué nos va a servir el diamantito si no?

—Bueno, visto así... Pero de todas formas no lo tenemos. Está en el barco de Rius.

—Claro, pero hay teléfonos para llamar al exterior. Podemos decirle que venga de visita y, ya de paso, nos lo traiga.

—Que nos traiga mejor una sierra para cortar los barrotes —protestó Mike, indignado ante la idea de perder el diamantito—. No hay más que hablar.

—¡Cuidado! —exclamó Trolli—. ¡Mike, la bola!

Flex, que había sido el último en coger la bola de hierro, se la había lanzado a Mike sin previo aviso.

—¡Melocotón! ¡Que me aplasta! —gritó Mike, aterrorizado.

La bola chocó contra el suelo a medio centímetro de la cabeza de Mike, abriendo un agujero en el suelo de madera. No era el único que había: al parecer la bola caía al suelo con frecuencia.

—¿Estás loco, Flex? Casi me matas.

—En la cárcel hay que permanecer atento —respondió el mapache—. Por este consejo no os cobraré nada.

—Vale, recoged esa bola —ordenó Invíctor—. Vamos a pasar a vuestro ejercicio favorito...

—¡Noooooo! —gritaron todos los presos a coro.

—¿Qué pasa, qué toca ahora? —preguntó Timba, con cara de preocupación.

—Toca picar piedra —fue la respuesta de Flex.

En un rincón del gimnasio había varias rocas enormes y un montón de mazos. Cada preso tomó uno y, siguiendo el ritmo marcado por Invíctor con un pito, se puso a pegar golpes a los pedruscos. Era un esfuerzo agotador.

—Voy a morir aquí, estoy seguro —se lamentó Trolli—. Ya no me parece tan mala idea usar el diamantito...

—¡No! Es una opción desesperada —insistió Mike, aunque no se le entendía muy bien porque tenía que agarrar el mazo con los dientes—. Yo creo que lo que deberíamos hacer es...

—Bueno, se acabó el ejercicio por hoy, muchachos —tronó la voz de Invíctor—. ¡A las duchas!

—¿Duchas? —Timba se echó a temblar—. Esto no es una cárcel, es una cámara de torturas.

—¡Je, je, je! —se rio Flex—. Pues aún no sabéis lo peor.

Las duchas estaban pegadas al gimnasio. Era una sala grande, con el suelo de cemento y las paredes adornadas con unos azulejos que fueron blancos en otro tiempo pero ahora estaban grises de puro viejos. Había varios grifos, pero Trolli comprobó enseguida que ninguno funcionaba.

—¿Qué haces, *flipao*? —le preguntó Flex.

—Pues... abrir un grifo para ducharme.

—¿Abrir un grifo? —empezó a reírse el mapache—. ¡Esta sí que es buena! ¿Habéis oído, colegas? —preguntó, dirigiéndose al resto de presos, que estallaron en carcajadas—. A ver, novatos, que no lo pilláis. Para ducharse con agua hay que pagar. Aquí nos lavamos con el jabón a palo seco y nos quitamos luego la mugre con las toallas.

—Madre mía —se quejó Mike, para añadir luego, en voz baja, hacia sus dos amigos—: Vale, quizá podríamos usar el diamantito para no morir...

—Flex —dijo entonces Timba, muy asustado mientras intentaba limpiarse en seco el sudor de la extraña gimnasia que acababan de hacer—. Este sitio es horrible. Ya que sabes tanto, danos algún consejo para sobrevivir.

—¡Pero no le pidas consejos! —le regañó Trolli—. Vaya dos compañeros de prisión tengo. ¡Que en la cárcel no es nada bueno deber favores!

—Lo más importante —respondió Flex, ignorando la observación de Trolli— es que nunca debéis meteros en problemas con la banda de los Pigman.

—¿Los Pigman? —preguntó Mike con cara de susto—. ¿Quiénes son?

—Es la banda que controla la prisión. Los más duros de todos. Pigman, lo que se dice Pigman, solo lo es su jefe, Nacho Pigman, un tipo enorme y peligroso. Al resto de la banda la reconoceréis sin problema: todos llevan tatuado un hombre-cerdo en el brazo y tienen pinta de malotes. No es una broma: ¿sabéis por qué había tres literas libres para vosotros en mi celda?

—No quiero saberlo —dijo Mike.

—Porque los Pigman enviaron al hospital a mis tres compañeros. Y fue solo por decirles «hola».

—Madre mía. Pues si me cruzo con ellos les diré... «adiós» —propuso Mike, temblando.

—¿Y dónde están ahora? —preguntó Trolli—. ¿Por qué no los hemos visto aún?

—Están en aislamiento, como castigo. Pero no os preocupéis. Creo que los vuelven a traer a nuestra galería dentro de un rato. Me debéis otro favor por la información. Y ahora, vamos al taller. Hay que trabajar.

—¡Noooooooo! —gritaron los Compas.

El taller era muy parecido al gimnasio, a las duchas o al comedor: una sala grande con poca o ninguna decoración, con el suelo de cemento y las paredes muy sucias. La única diferencia es que había bancos para trabajar y algunas herramientas. Si los Compas habían pensado que el trabajo sería interesante, se equivocaron. Básicamente consistía en pelar naranjas y, una vez peladas, meterlas dentro de una funda de plástico con forma de piel de naranja.

—Al parecer las naranjas peladas se han puesto de moda como aperitivo —explicó Flex, mirando cómo trabajaban sus nuevos compañeros de celda.

—¿Y tú no haces nada? —le preguntó Timba.

—Sí: mirar cómo trabajáis por mí. Os recuerdo que me debéis varios favores. Así me vais pagando. Creo que con cien o doscientas naranjas será suficiente.

—Ah, qué bien —dijo Mike, comiéndose una naranja que acababa de pelar.

—Esto es un rollo —se quejó Timba—. Voy a hacer otra cosa.

Aprovechando que Romero el carcelero se había quedado dormido, Timba cogió unos cartones, unas tijeras, un poco de pintura y se puso a fabricar...

—¡Tacháááááán! ¿Qué os parece? —preguntó, enseñando a sus amigos unas gafas negras de cartón—. Molan, ¿eh? Es que no puedo vivir sin mis gafas.

—Hombre, no están mal —le dijo Trolli—, pero les veo un problema...

—Qué va, están genial —añadió Timba, poniéndoselas—. ¡Dios mío, no veo nada, me he quedado ciego!

—¡Claro! ¿Serás idiota? ¿Cómo vas a ver con unas gafas de cartón?

—Ah, pues es verdad. Bueno, me las puedo poner sobre la frente, que tampoco quedan mal.

Durante la hora siguiente Mike y Trolli siguieron pelando y envolviendo naranjas mientras Timba construía un collar y una corona de cartón para sus dos amigos. Las cosas parecían ir mejorando, cuando de pronto una voz estruendosa rebotó por toda la sala.

—¡He vuelto, inútiles! —exclamó un tipo enorme que respondía cien por cien a la descripción que Flex había hecho de Nacho Pigman.

Le acompañaba media docena de matones, todos con el hombre-cerdo tatuado en el brazo. A medida que pasaban, los demás presos se apartaban de su camino. Incluso el carcelero Romero, que se había despertado de golpe, los miró con cara de susto.

La verdad es que tenían unas pintas aterradoras. Habían cortado las mangas de sus uniformes a la altura de los hombros para que se vieran bien los tatuajes y los músculos de los brazos. Iban mal afeitados y todos tenían cicatrices en la cara. Algunos llevaban crestas o la cabeza rapada. Y todos tenían cara de mal humor.

Mientras avanzaban hacia su puesto de trabajo, un preso muy joven, pequeñito y con cara de crío, tuvo la mala suerte de tropezar y caer delante de la banda de los Pigman.

—¡Vaya, vaya! —exclamó Nacho—. ¿Qué tenemos aquí? ¿Cómo te atreves a cruzarte en mi camino, pulga ridícula?

Al decir esto, Nacho Pigman cogió al pequeño por las solapas de la camisa y lo levantó en el aire como si fuera una pluma. A continuación se puso a zarandearlo y luego lo lanzó volando hacia sus compinches, que empezaron a pasárselo unos a otros, riendo a voces.

—¡Ja, ja, ja! Ya echaba yo de menos las partidas de balón prisionero.

—¡Sí! Pero este canijo pesa menos que la bola de hierro.

—¡Que ha sido sin quereeeeer! —gritaba el pequeño, casi llorando.

Trolli, al ver la escena, sintió que le hervía la sangre y, sin pensar en las consecuencias, se acercó a toda velocidad a los Pigman. En uno de los pases agarró al muchacho en el aire y lo dejó en el suelo. La banda de malvados se quedó petrificada por un instante, como si no creyeran lo que acababa de pasar. El resto de presos, que había estado riendo la gracia de los Pigman, enmudeció de golpe.

—¿Cómo te atreves, enano? —escupió el jefe de los Pigman, casi tartamudeando de la rabia.

—No soy tan bajito —protestó Trolli—. Y no está bien que hagáis este tipo de cosas. ¿Qué os ha hecho este pobre crío?

—¡No soy un crío! ¡Soy Sparta!

—Ese canijo es de nuestra propiedad —empezó a explicar Nacho—. Como todo en esta cárcel. Tú incluido, enano.

—Que no soy tan bajito, te digo.

Era evidente que el hambre y el exceso de trabajo habían oscurecido la mente de Trolli, pues allí estaba, plan-

tando cara él solito a la banda entera, que poco a poco le iba rodeando. Quizá se creía que después de vencer al Titán Oscuro los Pigman no representaban un peligro, pero Mike y Timba, que contemplaban la jugada desde fuera, no pensaban igual.

—Van a machacarlo —dijo Mike.

—¡Corre, tenemos que ayudarle!

Los dos Compas se reunieron con su colega en el momento justo. Aunque, la verdad, las cosas no quedaban así mucho más equilibradas. Seguían en inferioridad numérica y por alguna razón los hombres de la banda de los Pigman parecían mucho más grandes y peligrosos vistos de cerca.

—Creo que vamos a morir —dijo Mike—. Con la ilusión que me hacía pasar aquí los próximos... ¿cuántos días eran?

—Por lo menos no tendré que seguir oliendo los malditos langostinos —soltó Trolli, mientras se preparaba para morir con dignidad.

—Yo lo que tengo es un sueño que me caigo...

—Timbaaaa, tío... Que esto es serio.

Los tres Compas estaban rodeados, sin escapatoria. Nadie movía un dedo para ayudarles, ni siquiera el carcelero Romero, al que la escena le parecía divertida. Una lluvia de golpes estaba a punto de caer sobre los Compas cuando, de pronto, entró Invíctor en la sala.

—¿Qué pasa aquí? —gritó—. ¿Ya estamos de broncas, Pigman?

—Nosotros no hemos hecho nada, señor guardia —respondió Nacho, con una gran sonrisa.

—¿Es eso cierto? —preguntó Invíctor, mirando al resto de los presentes—. ¿Y esas señales de violencia en Sparta?

—Es verdad, es verdad —dijo de pronto la vocecilla del pequeñín—. Los Pigman no han hecho nada. Han sido esos tres, los nuevos.

—¡¿Cómo?! —preguntaron los Compas a la vez, mirando a Sparta entre asombrados e indignados.

—Sí, sí, han sido esos —insistió Sparta.

—Maldito canijo —exclamó Trolli—. Si lo llego a saber...

—Muy bien, Compas —zanjó Invíctor la discusión—. Os habéis ganado una semanita en aislamiento. Venid conmigo.

Aterrados, los Compas sintieron que, al menos, se habían librado por el momento de morir a manos de los Pigman. Pero solo era un aplazamiento. Al salir del taller vieron cómo Nacho los miraba con una sonrisa siniestra al tiempo que se pasaba el pulgar de lado a lado por el cuello. No parecía un gesto muy prometedor.

4. EN AISLAMIENTO

El corredor que llevaba de las galerías comunes a aislamiento en Alcutrez parecía sacado de la mente de un guionista de pelis de terror. Sin una sola ventana que diera al exterior, la única luz procedía de unas bombillas debiluchas que colgaban directamente del cable, sin pantalla ni nada, situadas a tramos de cinco metros. Algunas estaban fundidas y la mayoría se balanceaban con las corrientes de aire, creando sombras extrañas.

—Hay que reconocer que en Tropicubo saben dar ambiente a los sitios cutres —observó Timba.

—Esto es peor que cuando nos enfrentamos al Titán —añadió Mike—. Da más miedo.

Había manchas de humedad en algunas paredes y el techo estaba cubierto de tuberías oxidadas. Muchas de ellas goteaban un agua de color dudoso. En conjunto, el lugar olía a moho, como si fabricaran quesos por allí cerca. Pero no fabricaban quesos.

Tras caminar algunos metros llegaron a la zona de las celdas, un simple ensanchamiento del corredor con puertas metálicas a los lados. Apenas habían puesto los pies allí, resonó un grito atronador.

—¿Qué ha sido ese ruido? —preguntó de pronto Trolli.

—Eso... —explicó Invíctor, con cara de asustado—. Ha sido un alarido de... la Bestia.

—¿La Bestia? —preguntaron los tres Compas a un tiempo, con cara de horror.

—Sí... La Bestia. Es el preso más grande y peligroso que jamás hemos tenido en esta cárcel. Llegó ayer y lo metimos directamente en aislamiento, porque nadie sabe qué hacer con él. Si lo dejáramos con los demás prisioneros... no se sabe lo que podría pasar.

—Claro es... la Bestia —añadió Trolli, marcando los puntos suspensivos, como hacía Invíctor.

—«La Bestia, la Bestia» —dijo entonces Timba—. ¿Pero qué ha hecho?

—Pues algo terrible, muchachos. Tan terrible que mejor no os lo digo. Solo os contaré una cosa: le han caído cuatro cadenas perpetuas.

—Pues mira, le ha ido peor que a nosotros —quiso bromear, pero con poca gana, Timba.

—Pues sí. Pero basta de cháchara. Hemos llegado a vuestras celdas. Una para cada uno. Creo que las encontraréis lo bastante incómodas.

Invíctor abrió la puerta de tres celdas y el interior, a decir verdad, parecía incluso peor que el de los cuartuchos normales. Dos metros de largo por uno de ancho, sin ventanas, sin otro mobiliario que una litera estrecha y un cubo para... Bueno, para esas cosillas que se hacen a veces.

—Esto huele fatal —se quejó Trolli.

—Sí, huele a perro —añadió Mike—. Y que lo tenga que decir yo...

—Es el tufo que dejaron los Pigman —explicó Invíctor—. Lo siento, chicos, pero es lo que hay. Esto solo se ventila una vez al año y no toca hasta dentro de diez meses. ¡Adentro!

Y así, sin más, los Compas quedaron encerrados en sus celdas de aislamiento. Eran sólidas y seguras, aunque se podía hablar de unas a otras por las rendijas de debajo de las puertas.

—¡Chicos! ¿Cómo estáis? —preguntó Trolli.

—Aquí bien —respondió Mike.

—¡ZZZZZZZ! —fue todo lo que dijo Timba.

—Madre mía, este ya se está esforzando —se rio Mike—. Ojalá tuviera yo algo para comer...

—Chicos, chicos. Tenemos que pensar algo —insistió Trolli—. Este sitio es una pesadilla, hay que salir de aquí.

—¿Y cómo lo hacemos? —preguntó Timba, que se había despertado con las voces—. Recordad que es una cárcel de alta seguridad.

—Y este lugar, aislamiento… es lo peor —añadió Mike—. Ese maldito Sparta nos ha metido en un buen lío.

—Sí, ese canijo nos ha fastidiado bien… Pero pensemos en positivo —fue la respuesta de Trolli—. ¿No habéis visto lo mal que están los muros? Hay grietas y humedades por todas partes. Creo que fugarse de aquí será pan comido.

—¿Fugarnos? —preguntó Timba—. Si nos pillan, nos condenarán por lo menos a cincuenta cadenas perpetuas.

—Por lo menos, pero bien pensado, creo que Trolli tiene razón —intervino Mike—. Aquí, en mi celda, hay un agujero en un rincón. Vamos, lo que viene siendo un túnel para fugarse. Estaba tapado con un póster de Rihanna, pero me entró hambre y… Esperad, que voy a investigar un poco.

—¡Mike, ten cuidado! —exclamó Trolli, preocupado por su compañero.

—Tranquilo, si esto está chupad... ¡Aaaaaaaaaahhhhh!

—¡Mike! ¿Qué pasa?

A la pregunta de Trolli solo respondió un silencio angustioso, eterno... ¿Qué le había sucedido al pobre Mike? En sus celdas, los dos Compas humanos se desesperaban al no poder hacer nada para ayudar a su amigo en apuros. Hemos dicho que el silencio fue «eterno», pero la verdad, lo que se dice eterno, no fue. El silencio duró un rato que se hizo largo por la tensión y tal, pero al cabo de unos segundos tanto Trolli como Timba pudieron escuchar el inconfundible sonido de...

—¿Mike? —preguntó Timba—. ¿Estás comiendo?

—¿Es que no reconoces el crujido de sus mandíbulas? —comentó Trolli, un poco mosca, pero al mismo tiempo aliviado—. Debe de estar comiéndose la arena del túnel.

—¡Síííííí, estoy comiendo! —fue la alegre respuesta del perrete—. El túnel no es muy largo. De hecho acaba a dos metros de distancia.

—¿Y qué estás masticando? —preguntó Trolli, intrigado.

—Bueno, ñam, ñam... No es la arena. Es que había un esqueleto aquí. Creo que es el del tío que empezó a hacer el túnel. Lo digo porque tenía un cucharón al lado. Supongo que le agotó el esfuerzo de cavar con eso.

—¿Y te lo estás zampando?

—Sí, no se podía hacer nada mejor por él. Pobrecillo. Además, tenía hambre.

—¡Aaaay, Robertaaaa! ¿Con qué clase de gente me he ido a juntar? —se lamentó Trolli. Aunque, de pronto, cambió totalmente de pensamiento—. Espera, espera, Mike... ¿Has dicho que hay un cucharón?

—Sí... Ñam, ñam...

—¡Entonces estamos salvados! —exclamó.

Nadie dijo nada. Mike siguió comiendo huesecitos y de fondo volvieron a escucharse los ronquidos de Timba. El eco de ambos sonidos combinados se perdió por los corredores de la zona de aislamiento.

—¡Jo, pues sí que os interesa lo que os estoy contando! —se quejó Trolli.

—Perdona, vinagrito. Es que aislamiento me da sueño.

—Y yo puedo escucharte mientras como.

—Venga, Trolli, dinos cuál es tu idea.

—¿No está claro? Tenemos el cucharón. No hay más que seguir cavando el túnel y largarnos de aquí.

—No sé... Yo a ese plan le veo lagunas —observó Timba.

—¿Cuáles?

—Que no me gusta cavar.

—Ni a ti ni a nadie, pero por una vez... Que hay mucho en juego, chicos.

—Además, una vez fuera de la prisión, ¿a dónde vamos? Hay kilómetros y kilómetros de océano alrededor.

—Bueno, paso a paso. Ya pensaremos en eso.

—Está bien —dijo Timba, que no veía manera de librarse del duro trabajo de cavar. En ese momento dejaron de resonar los dientes de Mike masticando huesos.

—A ver, vosotros dos —intervino el perro, con su hambre algo más satisfecha—. Claro que hay lagunas. O más bien océanos enteros. No habéis tenido en cuenta lo más importante.

—¿El qué? —preguntaron a la vez los otros dos.

—Que el cucharón está en mi celda. Que yo no puedo cavar. Y que no podéis venir a hacerlo vosotros porque las puertas están cerradas con llave.

Durante unos segundos nadie dijo nada. Había tanto silencio que habría podido oírse el vuelo de una mosca. Aunque allí no había moscas: si las hubiera, Mike se las habría zampado. Para animar el cotarro... la Bestia pegó otro de sus alaridos espeluznantes.

—Madre mía, pone los pelos de punta escucharle. Debe de ser un monstruo de cuidado —observó Mike.

—Ya lo creo —confirmó Trolli—. Y no es en lo único que tienes razón. Si queremos escapar, habrá que pensar un poco.

—Bueno, pero tenemos tiempo. Vamos a estar aquí una semana. Yo voy a ir pensando algo mientras duermo diez o veinte horas seguidas.

—Timba, tío...

Pero no pudieron seguir hablando de su plan de fuga. En ese momento se abrieron las puertas de las celdas. El carcelero Romero les traía un carro con sus raciones de comida.

—¡Aquí tenéis la bazofia! ¡Espero que os guste!

Y con su amabilidad habitual dejó a cada uno un plato de...

—¿Más pan duro y langostinos? Madre mía...

—Si no los quieres, pásamelos a mí —dijo Mike.

—No, no te preocupes. Quizá pueda usarlos para construir un arma de destrucción masiva. Huelen muy raro...

—Huelen a la brisa del mar —exclamó el guardia—. No me seáis quejicas, ¡ja, ja, ja!

Tras repartir la comida, Romero cerró las puertas de las celdas y se marchó.

—Chicos, con esta dieta no voy a durar mucho. Escapar es una necesidad vital, hay que lograrlo como sea, cavando o volando, me da igual.

—Es más fácil cavar que volar. ¿Cómo resolvemos lo del cucharón? —preguntó Timba.

—Solo veo una manera: tenemos que conseguir que vuelvan a traernos a aislamiento...

—... y que metan en esta celda —terminó Mike la frase— ¡a uno de vosotros dos!

—¡Exacto!

—Por mí bien —observó Timba—. Pues venga, ya no hay prisa. Puedo dedicar estos días a dormir.

—Además, de momento estamos a salvo de los Pigman —añadió Mike.

—¡Porras! No había pensado en eso. Maldito Sparta —se lamentó Timba—. Cuando nos saquen de aquí, nos van a matar del todo. Ahora no voy a poder pegar ojo.

—Sí, nos va genial —terminó el tema Trolli—. Pero los Pigman no me preocupan tanto: yo de lo único que quiero ponerme a salvo es de estos malditos langostinos.

De pronto, como subrayando estas palabras..., la Bestia gritó de nuevo, llenando de espanto el ánimo de nuestros tres amigos.

—Lo que no sé es si aquí estamos a salvo de ese —dijo Timba, con la voz un poco temblorosa—. ¿Estás seguro, Trolli, de que es buena idea lo de que nos vuelvan a traer a aislamiento?

—Pues...

¿Quién podía saber lo que deparaba el destino a los Compas en aquel lugar tenebroso y lleno de peligros? De momento, tenían por delante una larga semana para pensar en la difícil alternativa que afrontaban. En aislamiento... la Bestia. Y en la galería... la venganza de los Pigman.

5. CADENA DE FAVORES

Siete días se pasan volando... cuando uno se divierte. Metido en una celda, sin gran cosa que hacer, pasan muuuuuy despacio. Claro que cada persona tiene su propia vivencia de las cosas, por supuesto. Vamos a verlo:

—¡Venga, muchachos, en pie! —gritó Invíctor—. Hora de volver a casa.

—¡Yo tengo hambre! —protestó Mike.

—Yo sí que tengo hambre —fue la débil queja de Trolli.

Cuando Invíctor abrió las puertas de las celdas, Mike parecía algo loco por llevar tanto tiempo encerrado sin salir a pasear (cosas de los perros, no hay que contarlo todo). Pero Trolli... Pobrecillo, estaba hecho polvo. Después de ocho días sin comer otra cosa que pan duro, había perdido unos cuantos kilos. O más bien muchos kilos. Vamos, que acostumbrado a comer bien, ahora se le notaba el duro régimen alimenticio.

El que no se movía era Timba, que seguía roncando.

—Vamos, Timba, en pie —le despertó Invíctor.

—¿Qué pasa? —respondió, bostezando—. ¿Ya ha pasado una semana? —¡Ostras! —se asombró de pronto, al ver a Trolli tan delgado—. Te has quedado en los huesos.

—Podrías patentarla —dijo Invíctor, sonriente como siempre.

—¿Patentar la qué? —preguntó Trolli, intrigado.

—La Dieta del Pan Duro, ¡ja, ja, ja! —fue la respuesta—. Vamos, chico, no pongas esa cara. Es una broma para subir la moral. Te acostumbrarás a comer langostinos. ¡Si están buenísimos!

—Que soy Trollino y no me gusta el... Bueno, qué más da. Por lo menos los langostinos me han servido estos días para jugar a los soldaditos. Así no me aburría tanto.

—¡Porras! Se me podría haber ocurrido a mí —se lamentó Mike.

—Sí, ya me imagino el juego —rio Timba—: «Mikezilla» devorando al ejército langostino.

—Bueno, chicos, dejad de desvariar. Volvemos a la galería, donde os esperan vuestros compañeros. En marcha.

Mientras regresaban a la zona común, los Compas no podían dejar de pensar en la que les esperaba cuando se encontraran de nuevo con Nacho y la banda de los Pigman. Probablemente tenían las horas de vida contadas, y no ayudó a tranquilizarlos el alarido que dio... la Bestia, cuando salían de la zona de aislamiento.

—Madre mía, cómo berrea —dijo Timba—. Me va a dar un dolor de cabeza entre esos gritos y la falta de sueño.

—¿Cómo que falta de sueño? Si te has tirado durmiendo una semana entera... Y la cabeza nos va a doler a todos dentro de un rato —observó Trolli—. Cuando los Pigman nos machaquen, quiero decir.

—Quizá se hayan olvidado de nosotros —sugirió Mike, optimista al ver que por fin podía estirar las patas—. No nos van a guardar rencor para siempre.

No tardaron mucho en llegar a la galería principal. Tras pasar apenas diez o doce puertas enrejadas, los Compas se vieron de nuevo en el mismo sitio en el que habían empezado sus desventuras. Solo que esta vez nadie les dijo nada desde las celdas ni les tiró papel higiénico. Habían dejado de ser una novedad y no le importaban a nadie.

O a casi nadie...

—Recordad, muchachos —les dijo Invíctor, antes de dejarlos solos—, que dentro de un rato toca taller. ¡Y esta tarde, clase de trabajos manuales! ¡Sonreíd! Hasta luego.

Trolli, Timba y Mike emprendieron el camino a su celda, pero no llegaron muy lejos. Apenas habían recorrido dos pasos cuando dos de los Pigman aparecieron de pronto, escondidos tras unos pilares de hormigón.

—¿A dónde creéis que vais, novatos? —preguntó Nacho, uniéndose a sus cómplices con una sonrisa siniestra en la cara.

—Pues no, no se han olvidado de nosotros —se lamentó Mike.

—Y sí, sí que hay gente que guarda rencor para siempre —añadió Trolli mientras Nacho le cogía del cuello de la camisa y lo levantaba del suelo. Los otros dos Pigman hicieron lo propio con Timba y Mike, sujetando a este por su collar.

—Bueno, bueno, bueno —siguió hablando Nacho—. ¿A quién voy a matar primero hoy? Pinto, pinto, colorito...

—¿Qué antiguo, no? —exclamó Timba al escuchar a Nacho con lo de «pinto, pinto». ¿Y por qué lleva gafas de sol? ¡Si a mí me las quitaron al entrar en la cárcel!

—Es que Nacho es más malote que tú —aclaró Trolli, aterrorizado.

—¿Me estáis vacilando, enanos? —soltó Nacho—. Ha llegado vuestra hora final.

El jefazo de los Pigman levantó una de sus enormes manos como si quisiera aplastar con ella a Trolli, mientras sus dos esbirros se echaban a reír. Y en ese momento ocurrió algo inesperado. El collar de Mike, que —recordemos— había sido fabricado unos días antes por Timba en cartón del malo, se rompió, liberando a nuestro amigo. Una vez de regreso al suelo, Mike hizo lo único que podía hacer: pegar un mordisco en el tobillo al Pigman que le había tenido sujeto. Este, sorprendido por el ataque inesperado, pegó un grito de dolor y salió corriendo.

Timba no desaprovechó la oportunidad. Se quitó de la frente las gafas de sol, también de cartón, y se las puso a su propio Pigman. Este, al verse cegado de golpe, soltó al Compa y empezó a tocarse los ojos gritando como loco:

—¡Estoy ciego, no veo nada, socorro! —Y salió también corriendo. Antes de darse cuenta de que todo era cosa de las gafas de pega, se había alejado por lo menos tres o cuatro galerías.

Al verse solo, Nacho perdió mucha de su seguridad en sí mismo. Es lo que suele pasar con los abusones, que solo son valientes cuando están rodeados de sus cómplices. Sin embargo, no soltó el cuello de Trolli. Este, viendo lo que había sucedido, decidió que lo mejor que podía hacer era imitar a sus amigos. Se quitó la corona de cartón y se la encasquetó en la cabeza a Nacho. Su idea era calársela hasta los ojos, para que no viera, y luego patearle el pecho hasta que le soltara. Pero ocurrió otra cosa: el cabezón de Nacho era demasiado grande y el cartón de la corona se hizo pedazos antes de alcanzar su objetivo.

—¡Pero qué haces, pulga inmunda! —berreó el jefe de los Pigman.

—Es que… —empezó a excusarse Trolli—… quería coronarte rey de la prisión.

—¿En serio? —preguntó, halagado, Nacho.

—La verdad es que no —fue la respuesta de Trolli, quien decidió seguir con el resto de su plan y golpeó con ambos pies en el pecho de su agresor.

No le hizo mucho daño en realidad, porque el malvado era demasiado grande y fuerte, pero el ataque le sorprendió lo suficiente como para que soltara a su presa. En ese momento Mike se aproximó por detrás y le pegó un mordisco en una pierna. Timba, para echar una mano, se puso a hacerle cosquillas en los sobacos al gigantón.

—¡Aaaaayyyyy! ¡Ja, ja, ja! —empezó a quejarse Nacho del ataque múltiple, sin saber si debía reír o llorar—. ¡Voy a machacaros como si fuerais cucarachas!

Mientras tenía lugar esta singular pelea, el resto de presos miraba con asombro la escena. Nadie en Alcutrez había osado jamás enfrentarse a los Pigman y menos aún a su peligroso jefe. Y ahora aquellos tres novatos estaban dando una lección de valor a los veteranos. En aquel mismo instante nació en la prisión de Tropicubo «La Leyenda de los Compas», que perduraría durante los años siguientes. Una leyenda que hablaba de tres valientes que vinieron de muy lejos y, tras derrotar a un ser maléfico conocido como el Titán Oscuro, pusieron orden en la cárcel venciendo a los abusones.

Bueno, eso es lo que llegaría a contar la leyenda, muchos años después y si todo saliera bien. De momento la

realidad era que los Compas se estaban enfrentando de manera desesperada a un adversario superior. Y no iban a acabar con él a base de mordisquitos, pataditas y cosquillas.

—¡Se acabó, insectos! —exclamó Nacho, empujando con tanta fuerza a sus tres atacantes que los hizo rodar por tierra—. Voy a convertiros en kétchup para acompañar mis langostinos. ¡Mmmmmmmm!

Estaba a punto de cumplir su amenaza, cuando Romero entró en la galería y, haciendo sonar su pito, puso a formar a los presos:

—¡Vamos, panda de vagos! Es la hora de trabajar.

—Os habéis librado de momento —sonrió Pigman—. Tanto mejor, así disfrutaré más. Os iré machacando uno por uno.

Bueno, era un respiro. Los Compas habían sobrevivido al primer asalto y Trolli tenía su plan de fuga más claro que nunca.

—Chicos, está claro que no podemos eternizarnos en esta prisión. La próxima vez no tendremos tanta suerte.

—¿Y qué propones? —preguntó Timba.

—No sé... A ver si podemos liarla parda en el taller para que nos aíslen de nuevo.

—Antes de eso, os recuerdo que me debéis un favor —les dijo entonces Flex, que se había unido a sus compañeros de celda sin felicitarles siquiera por haber salido de aislamiento.

—¡Ah, sí! El de los favores —respondió Trolli—. ¿Y qué se supone que debemos hacer para pagarte, Flex?

—Sparta tiene una cosa para mí. Y me da pereza ir a su celda.

—¡Si está enfrente de la nuestra!

—Ya, pero es que soy muy vago. Id a verle y que os dé... el «paquete».

—¿Y tenía que ser Sparta precisamente?

—Es el conseguidor de la cárcel —fue la respuesta de Flex—. Si necesitas algo, él es el hombre indicado.

Las horas transcurrieron monótonas en el taller. Ese día tocaba pelar limones y meterlos en fundas de plástico con forma de limón. Timba prefirió seguir a lo suyo y fabricar nuevos complementos de cartón para él y sus amigos: gafas, corona y collar. Visto lo útiles que habían sido, esta vez a nadie le pareció una chorrada.

Terminada la jornada de trabajo, los Compas se acercaron a la celda de Sparta.

—¡Eh! ¿Qué hacéis vosotros aquí? —preguntó Sparta, temiendo que los Compas vinieran a vengarse—. Os advierto que soy un personaje importante en esta cárcel.

—No te preocupes, que no venimos a hacerte nada. Por ahora... —dijo Trolli.

—Aunque deberíamos, eres un maldito mentiroso —protestó Mike.

—¿Qué queríais que hiciera? Prefiero tener problemas con vosotros, novatos, que con los Pigman.

—Ya hablaremos de eso —cortó Timba—. Ahora queremos que nos des una cosa que tienes para Flex.

—Ah, sí. Pero antes Flex tiene que pagarme el favor, así que vosotros os hacéis cargo.

—¿Ya estamos?

—Id a la celda de Paco y que os dé un reloj que tiene para mí. Ya sé que es la celda de al lado, pero me da pereza andar.

—Madre mía, vaya panda de vagos —alucinó Trolli—. Está bien. Acabemos con esto.

Pero si los Compas pensaban que la cosa iba a ser rápida, se equivocaban. Paco tenía el reloj de Sparta, sí. Pero a cambio quería... En efecto: que le pagaran el favor.

—Antonio, el de la galería de arriba, hace mucho ruido por las noches. A ver si le convencéis para que no ronque.

—¿Y cómo hacemos eso?

—Vosotros veréis.

Antonio, justo en la celda de encima, estaba echándose una siesta y roncaba que parecía una sierra mecánica.

—¡Eh, marmota, despierta! —exclamó Trolli, sacudiéndole un poco.

—¿Qué pasa? —preguntó Antonio, volviendo a la realidad.

—Que Paco quiere que dejes de roncar.

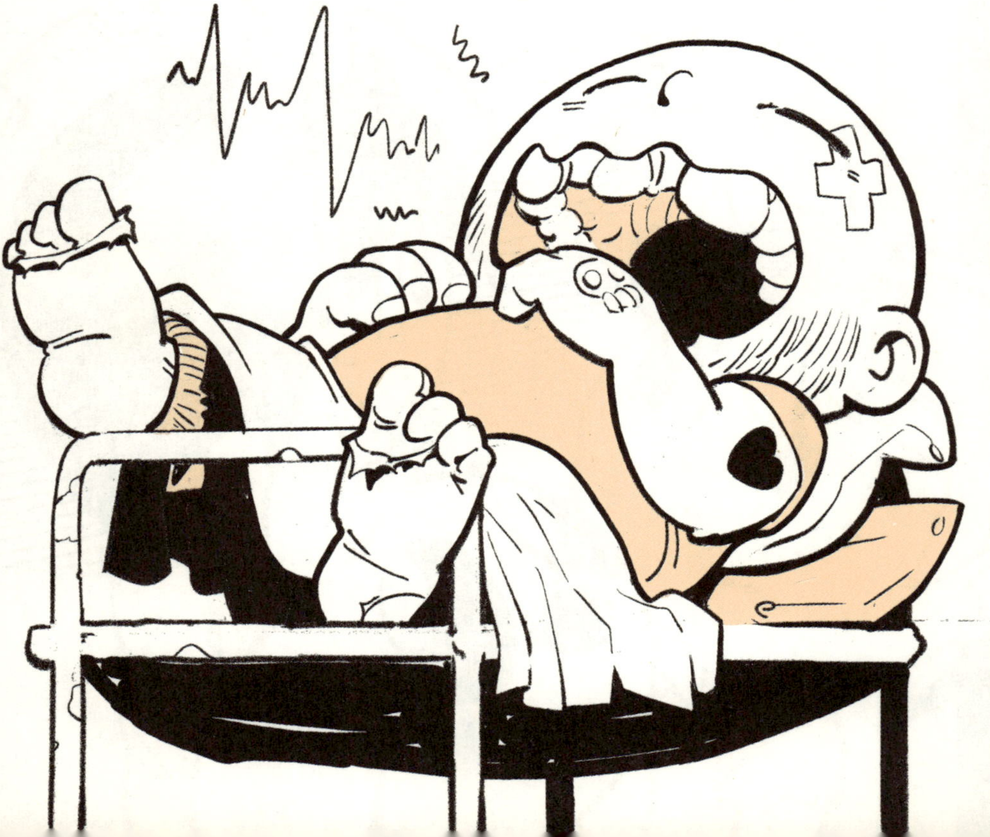

—Es que tengo hambre. Por eso me paso el día durmiendo y ronco tanto. Si queréis que deje de roncar, solo tenéis que hacer una cosa...

—Ya me lo imagino... —empezó a decir Mike—. Que te devolvamos el favor.

—Sí, pero será fácil: traedme unos langostinos. Con la tripa llena no ronco.

—¿Langostinos? —comentó Trolli, con cara de asco—. Sí que va a ser fácil. ¿Te valen estos?

Mientras decía estas palabras, Trolli se sacó del bolsillo un puñado de los langostinos que no se había comido durante su encierro en aislamiento.

—A ver... No está mal, hay bastantes. Aunque huelen un poco raro, ¿no?

—Huelen a la brisa del mar —respondieron los tres Compas a la vez.

—Vale, está bien. Trato hecho.

Antonio se comió los langostinos y, de inmediato, empezó a sentir un fuerte dolor de tripa.

—¡Aaaaaay, aaaaay!

—Se nos ha intoxicado. ¿Cómo se te ocurre darle esos langostinos pochos?

—Yo qué sé, Timba. De todas formas, los langostinos de esta cárcel siempre huelen raro. Digo a la brisa del mar.

—Pero llamad a alguien, que se está poniendo de color verde —exclamó Mike.

Los Compas salieron corriendo al pasillo y pidieron ayuda a Mariano, el preso encargado del botiquín y los primeros auxilios. Por supuesto, no iba a ser tan fácil.

—Si queréis que cure a vuestro amigo —dijo Mariano— tenéis que...

—Ya, ya, ya lo sabemos. ¿Qué favor quieres? —preguntó Trolli, impaciente.

—Yo me conformo con que me contéis un chiste gracioso. Este trabajo es aburridísimo.

—Ah, eso es pan comido —intervino Timba—. Dejadme a mí. Van dos amigos y uno le pregunta a otro: «¿Has estado alguna vez en un laberinto?». El otro le responde: «No». Y entonces el primero contesta riendo: «¡Pues no sabes lo que te pierdes!».

Se hizo el silencio.

—No me ha hecho gracia —fue la respuesta del «enfermero»—. Prueba otra vez.

—Vale. Vamos a ver... Le dice un amigo a otro: «Mira qué metal más raro». «Es estaño», contesta el segundo. «¿A que sí?».

Esta vez se rio Mike. Pero nadie más.

—¿Solo te sabes chistes de la Edad de Piedra? Busco que me hagan reír y no llorar. Como el próximo no me haga gracia, no solo no curaré a Antonio, sino que os pegaré el virus de la gripe.

—Madre mía, Timba, cuenta uno divertido, por Dios.

—Vale, a ver si... Le dice un chico a otro: «Mi hermano lleva montando en bici desde los cuatro años». Y el amigo responde: «Pues ya tiene que estar muy lejos».

Un segundo de silencio. Y de pronto:

—¡Ja, ja, ja! Ese es bueno —exclamó al fin Mariano—. En realidad es malísimo, pero me ha hecho gracia. Vale, voy curar a Antonio.

—Estupendo —exclamó Trolli—. Vamos, chicos, a la celda de Paco.

Bajaron corriendo y allí estaba el aludido, esperando.

—Está hecho —le explicó Trolli—. Antoñito va a estar unos días en el hospital, así que no te molestará con sus ronquidos.

—Genial. Ahí tenéis el reloj.

Una vez conseguido, los Compas fueron a la celda de Sparta.

—Vale, aquí está tu reloj. Ahora danos lo que tienes para Flex.

—Veréis, es que hay un problemilla...

—No fastidies.

—No, no, si es que... El paquete llegó hace un par de días. Se lo iba a entregar a Flex, pero los guardias anunciaron un registro sorpresa y decidí esconderlo en otro sitio.

—Si era un registro sorpresa, ¿por qué lo anunciaron?

—Aquí lo hacen así, es la costumbre —respondió Sparta, encogiendo los hombros.

—Qué costumbres más raras. Bueno, ¿y dónde está el maldito paquete? —preguntó Trolli—. ¡Y no nos pidas más favores, canijo traicionero!

—El caso es que lo escondí en aislamiento. Me tocaba limpiar la celda 97 para un preso nuevo que iba a llegar, vi una baldosa medio levantada y lo metí debajo.

—¿Tenía que ser en aislamiento? —preguntó Mike.

—¿Y precisamente en la celda 97?

En efecto, la celda de… la Bestia. Mike, Trolli y Timba se miraron asustados. Habían planeado volver a aislamiento, sí, pero no para meterse directamente en la boca del lobo. Había que pensar un nuevo plan.

6. LA BESTIA

—Esto no ha sido buena idea —protestó Timba—. Es demasiado estrecho.

—Pero si estamos siguiendo tu plan —se rio Trolli—. Yo quepo perfectamente. Ventajas de la dieta.

—Yo estoy de acuerdo con Timba —añadió Mike—. Creo que habría sido mejor pagar el favor a Flex de otra manera.

—Demasiado tarde.

Los Compas llevaban media hora intentando avanzar por los tubos de ventilación de la cárcel. Su objetivo: el área de aislamiento y, en concreto, la temible celda número 97. La celda de... la Bestia. Y sí, la idea básica había sido de Timba:

—Cuando estábamos en aislamiento todo apestaba a langostinos y aceite rancio —argumentó—. Estoy seguro de que el tubo de ventilación de la cocina pasa directamente por aislamiento. Si conseguimos meternos, será pan comido llegar hasta allí.

Estas habían sido sus palabras treinta minutos antes. También es verdad que treinta y un minutos antes Timba había dicho que lo de colarse en aislamiento no le parecía buena idea, pero sus dos amigos, por alguna razón misteriosa, pensaron que lo del tubo podía funcionar. Así que de-

cidieron faltar a la clase de trabajos manuales y se fueron a la cocina. Allí, con el mayor disimulo, se introdujeron en el tubo de ventilación. No resultó difícil: básicamente consistía en una gran chimenea situada sobre los fogones. Los problemas empezaron una vez dentro.

—Esto está asqueroso.

—Y huele fatal...

—Timba, Mike... Es un tubo de salida de humos. ¿Qué os esperabais?

—Pues... que estuviera reluciente y fuera muy ancho. Como en las películas.

Pero claro, la realidad nunca es como en el cine. El tubo real se encontraba cubierto de grasa y suciedad. Y era estrecho. Lo justo para que Mike y Timba pudieran avanzar con

dificultad. A Trolli, como ya hemos visto, le costaba menos trabajo ya que había perdido algunos kilitos. Pero todo esto era lo de menos. El problema principal era que el tubo, lejos de ser un conducto recto y fácil de seguir, era un laberinto repleto de bifurcaciones.

—¿Por dónde vamos ahora?

Esta pregunta se había repetido varias veces a lo largo de la última media hora. Y la respuesta era siempre parecida:

—Ni idea.

De esta manera, avanzando a ciegas, los Compas no paraban de ir de acá para allá sin llegar nunca a la sección de aislamiento de Alcutrez. Esto no habría sido de verdadera importancia de no ser por un detalle fundamental que se encargó de recordar Trolli:

—Chicos, no avanzamos. De hecho, creo que nos hemos perdido. Y os recuerdo que al acabar la clase de trabajos manuales se hace recuento de presos. Como no estemos presentes, nos vamos a meter en un lío.

—Bah, no te preocupes —contestó Timba—. Los muñecos de cartón que he construido despistarán a los guardias.

—¿Esos monigotes que has hecho en cinco minutos? —respondió Trolli—. No engañarán a nadie. Toda nuestra suerte depende de que el carcelero Romero se pase la clase durmiendo, como suele hacer.

—Y que Invíctor no visite el aula —añadió Mike.

—Eso no es problema —dijo Timba con su optimismo habitual—. Está en la clase de gimnasia con los de la otra galería.

—Vale, pero os olvidáis los dos de otra cosa —insistió Trolli.

—¿De qué?

—Que cuando pasen lista... ¡los muñecos no van a responder por nosotros!

—¡Anda, es verdad!

—¡Hay que darse prisa!

Al decir esto, Mike, que iba en cabeza, intentó apresurarse y sin querer se quedó atascado en una zona del tubo deformada y cubierta de abolladuras. Timba, que iba detrás, chocó con él.

—¡Eh, quítame la cara del trasero! ¡¿No ves que estoy atascado?!

—¿Trasero? ¡Puaf!

—¡Pero ayudadme!

Trolli y Timba intentaron sacar a su amigo del atasco, pero no era fácil. Timba agarró a Mike de las patas traseras,

pero como no disponía de un buen sitio donde apoyarse, apenas podía hacer fuerza.

—Trolli, tira tú de mis patas, digo de mis piernas —pidió Timba.

Trolli hizo lo que le pedía y agarrándose con la mano derecha a una trampilla medio abierta, tiró con la izquierda de una de las piernas de Timba, quien a su vez agarraba a Mike.

—¡No hay manera, estamos atascados!

—¡Voy a morir aquí! —se lamentó Mike—. En medio de este pestazo a langostinos.

—De eso nada —protestó Trolli, haciendo más fuerza—. Nadie merece morir así.

Trolli, desesperado, tiraba con todas sus ganas, pero nada. Por un momento los tres pensaron que realmente

Mike iba a quedarse allí para siempre. ¡Qué final más miserable! Sin embargo, Timba tuvo una de sus ideas de lógica redonda. El tubo estaba pringoso aquí y allá por el aceite de las cocinas. Olía mucho a langostinos, pero lo importante es que podía usarse como lubricante. Sin dudarlo, tomó unos cuantos pegotes y los untó sobre Mike, como si fuera una tostada.

—¿Pero qué haces? —protestó el perro.

—Sacarte de aquí, ya verás.

En un momento la zona en la que Mike se había quedado encajado estaba cubierta de una pasta asquerosa y algo maloliente, aunque muy deslizante.

Trolli empezó a notar que sus tirones hacían efecto. Aplicando más energía, en el límite de sus fuerzas, de pron-

to sonó un plop y Mike salió despedido de la trampa como si fuera una bala de cañón. Su trasero impactó de nuevo en la cabeza de Timba. Este, a su vez, empujó a Trolli sobre la trampilla. Y esta, a su vez, decidió abrirse del todo y lanzar a Trolli al vacío.

—¡Que me mato! —gritó antes de aterrizar sobre el pasillo que había unos metros más abajo.

—¡Trolli! ¿Cómo estás? —preguntó Timba, asomándose al hueco.

—Bien —respondió el aludido, mientras se ponía de pie—. Un poco magullado nada más.

—Y sucio también —añadió Timba mientras bajaba del tubo para reunirse con su compañero.

—Pues anda que tú... Nos hemos puesto buenos.

—Venga, ayudemos a bajar a Mike.

—Ahora sí que necesitamos una ducha.

Tras reunirse los tres de nuevo, echaron un vistazo al entorno. El corredor en el que se encontraban les resultaba de lo más familiar.

—¡Mirad! Hemos llegado a la zona de aislamiento —exclamó Mike, señalando la puerta de acceso.

—Sí —respondió Trolli, muy serio—. Hemos llegado... ¡En concreto a la puerta exterior! Hemos estado a punto de morir de asco en ese tubo apestoso para encontrarnos de nuevo en el punto de partida.

—Hombre, ahora estamos más cerca.

—Más cerca de nada. Mira: la puerta se abre tecleando una clave. Una clave que no conocemos.

—Podemos probar —respondió Timba, recurriendo una vez más a su lógica redonda—. En las pelis las claves secretas suelen ser muy chorras. A ver —añadió, tecleando—: «1, 2, 3, 4».

AISLAMIEN

Sonó un pitido agudo y la puerta siguió cerrada.

—Claro, no iba a ser tan sencillo. Podemos probar con la fecha de cumpleaños de Invíctor.

—El problema es que no la sabemos —dijo Trolli sacudiendo la cabeza, asombrado por las ideas peregrinas de su colega.

—¡Cuidado, viene alguien! —advirtió Mike.

Los tres Compas corrieron a esconderse tras un pilar de hormigón. Por suerte había muchos en aquella cárcel. Asomándose con precaución y sin hacer ruido, vieron que se acercaba un guardia empujando un carro de comida. Se detuvo frente a la puerta y tecleó la clave correcta. Timba no perdió detalle.

—Ya lo tengo —dijo en un susurro.

—Esperemos un poco —le contestó Trolli, hablando más bajo todavía.

Al abrirse la puerta se escuchó, como de costumbre, un alarido de... la Bestia. Aparte de eso, nada más: el guardia entró, repartió la comida y regresó al cabo de pocos minutos. En cuanto se perdió de vista, los Compas salieron de su escondite dispuestos a llevar a cabo su loco plan para recuperar el paquete de Flex. Pero tenían que darse prisa. Ya no disponían de mucho tiempo.

—Venga, Timba, teclea esa clave. Si nos pillan...

—Claro, no os preocupéis... A ver... Espera... ¿Cómo era la clave?

—¿No me digas que lo has olvidado?

—Pues... ¡No, chicos, era uno de mis chistes!

Como solo se rio Mike, Timba decidió teclear la clave cuanto antes. La puerta se abrió con un zumbido. Lo habían conseguido, habían logrado entrar de nuevo en el tenebroso corredor de la sección de aislamiento. Y ahora tenían una misión que cumplir... y muchos riesgos que afrontar.

El primero los espeluznantes berridos de... la Bestia, que no paraba de aullar y les ponía los pelos de punta.

—Esto es espeluznante. No sé si es buena idea seguir —insistió Timba.

—Ya es demasiado tarde para echarnos atrás —le contestó Mike.

—Yo tengo que decir una cosa más —dijo entonces Trolli—. Y perdonad que sea tan pesado, pero al trazar este plan se nos pasó por alto otro detallito.

—Venga, suéltalo ya.

—A ver... Cuando lleguemos a la celda 97...

—¿... cómo haremos para que... la Bestia no nos machaque mientras levantamos la baldosa y recogemos el paquete? —terminó Timba la pregunta—. ¿Eso nos querías decir? ¡Ya lo había pensado! Por eso creo que deberíamos largarnos.

—No, tío listo. Eso es lo de menos. Lo que pasa es... ¡que no tenemos la llave de la celda, que no vamos a poder entrar, que hemos venido para nada!

Se hizo un gran silencio. Era cierto. Allí estaban, por fin frente a la temida puerta de la celda número 97... y en realidad no disponían de ningún medio para entrar y recuperar el paquete. Eso suponiendo que encontraran la manera de esquivar los ataques de... la Bestia. La cual, por cierto, al oír ruido en el pasillo volvió a lanzar uno de sus tremendos alaridos.

—¡Aaaaaaaaaagggggghhhh!

—Madre mía, da miedo solo de oírle —dijo entonces Mike—. ¿Cómo será en persona?

—No quiero ni pensarlo —respondió Trolli, desanimado—. Pero da igual, porque no podemos entrar. Esta aventura ha sido inútil. Será mejor que volvamos y le digamos a Flex que ha sido imposible recuperar su...

—¡Espera, no tan rápido, vinagrito! —exclamó Timba, fijándose en algo—. La puerta de la celda tiene, como todas, una trampilla para meter y sacar la comida. Quizá...

—¿Qué pretendes? —le preguntó Trolli—. ¿Negociar con... la Bestia?

—¡Oye! A lo mejor no es tan mala idea —contestó Mike, repentinamente inspirado—. ¡Eh, el de dentro! ¿Qué te pasa? ¿Por qué gritas tanto?

—¡¡¡Aaaaaaaaayyyyy, dueeeeeleeeeee!!! —fue la respuesta de... la Bestia.

—¿El qué te duele? —preguntó Mike, asomándose con mucho cuidado por la trampilla.

—¡¡¡Esto!!! —respondió el prisionero.

Entonces sacó por la trampilla tres enormes dedos (porque la mano no le cabía entera). Al hacerlo, pegó sin querer a Mike en plena cara y le hizo rodar unos metros, a pesar de que no le había dado con fuerza. Entonces entendieron la razón de los gritos: en uno de los dedos tenía clavada una astilla. No, una astilla no: una auténtica estaca, un trozo de leña clavado profundamente en la carne. Debía de dolerle mucho y con esas manos tan grandes le había resultado imposible quitársela. Era obvio que los guardias, que le tenían miedo, tampoco se habían preocupado del asunto.

—Pobrecillo, vamos a ayudarle.

Mike intentó sacar la astillaza tirando con los dientes, pero no pudo: estaba muy bien clavada. Trolli y Timba, aún un poco asustados por la enormidad de aquella mano, decidieron ayudar. Mientras tiraban para un lado y para otro, el herido gritaba de dolor llenando de ecos aterradores el lugar. El esfuerzo común, sin embargo, tuvo su resultado y al cabo de unos instantes lograban arrancar la astilla. Un suspiro de alivio procedente del interior de la celda vino seguido de un:

—¡Gracias, chicos! ¡Me estaba volviendo loco!

La voz del prisionero seguía sonando aterradora, a pesar de que ahora tenía un tono más amable.

—De... de nada. ¿Te encuentras bien?

—Sí, mucho mejor.

—Genial. Nos alegramos un montón —respondió Mike—. Y ahora, ¿te podemos pedir a ti un favor..., Bestia?

—¡No me llaméis Bestia! —respondió el prisionero, de nuevo con un tono que hizo temblar las paredes. Los Compas estuvieron a punto de salir corriendo—. Me llamo Mayo.

—Encantado, Mayo. Nosotros somos Mike, Timba y Trolli.

—Mucho gusto. En la cárcel siempre hay que devolver los favores y vosotros me habéis hecho uno muy grande. ¿Qué es lo que queréis?

Era la oportunidad esperada. Mike le explicó lo que buscaban. Un segundo después los Compas escucharon a Mayo moviéndose dentro de la celda, luego un sonido como de baldosa rota y a continuación vieron asomar por la trampilla el famoso paquete. Aunque no era exactamente un paquete, sino una carpeta de cartón azul con unos papeles dentro. Timba la cogió y le dio las gracias a Mayo.

—¿Podemos hacer algo más por ti? —preguntó Mike.

—Sí, sacarme de aquí.

—Eso, de momento, es imposible —respondió Trolli—. Y ahora, chicos, debemos largarnos a toda pastilla. La clase de trabajos manuales acaba en cinco minutos.

Despidiéndose de Mayo los tres Compas regresaron a toda prisa por donde habían venido. No estaban demasiado lejos de su objetivo, pero el tiempo se acababa y en cualquier momento sonaría el timbrazo que anunciaba el final de la clase.

La puerta del corredor estaba a dos pasos; solo debían teclear el código y accederían a las galerías comunes. Sin embargo, las cosas no iban a ser tan sencillas. De pronto escucharon pasos al otro lado. Pasos que se acercaban. Luego, el inconfundible sonido del teclado y, tras el zumbido, el chasquido de la puerta abriéndose de golpe.

Y a ese lado del corredor no había dónde esconderse.

7. PLAN DE FUGA

—¡Melocotón! ¡Estamos perdidos! —exclamó Trolli, pero en voz baja, para que no lo oyera el guardia que estaba a punto de entrar y descubrirlos.

Allí estaban los tres, frente a la puerta, en el extremo de un larguísimo pasillo y sin un solo lugar donde pudieran

ocultarse. Los iban a pillar con las manos en la masa y encima con el misterioso paquete de Flex encima. Aún no sabían cuál era su contenido, pero si había tenido que ocultarlo, es que no era nada bueno.

Tras el chasquido, la puerta se abrió con mucha fuerza. Tanta que arrastró a nuestros tres protagonistas y los aplastó contra la pared lateral, quitándolos de en medio del corredor y ocultándolos a la vista del carcelero. Allí, en ese escondite providencial, aguantaron la respiración. En parte para que no los oyeran, pero también porque el pesado portón los había dejado medio aplastados.

Se habían salvado por los pelos y no era cuestión de quejarse, pero Mike, que había quedado encajado entre sus dos amigos, no podía aguantar el estrujamiento al que se

veía sometido. Al darse cuenta de la situación, Trolli le sujetó el hocico con las dos manos. Era imprescindible guardar silencio: si el guardia se alejaba sin mirar atrás, aún podrían librarse del peligro.

El carcelero, ignorante de lo que ocurría a sus espaldas, siguió su camino de inspección por la zona de aislamiento con aire aburrido, sin prestar atención a nada. Así de harto estaba de su trabajo, que era igual todos los días. Una vez lo perdieron de vista, los Compas fueron saliendo uno a uno de su estrecho escondrijo. A continuación cruzaron la puerta para acceder a la zona común de la cárcel. Nadie los había visto.

—Nos hemos salvado de milagro —dijo Timba.

—¡Todavía no! —fue la respuesta de Trolli—. Hay que llegar a la clase de trabajos manuales antes de que termine y hagan el recuento.

—¡Es verdad, vamos, rápido! —exclamó Mike.

Corrieron a toda prisa por los corredores vacíos. Un segundo antes de entrar en al aula sonó el timbre que anunciaba el final de la clase. No, timbre no: era más bien un campanazo bestial que dejaba sordo al personal cada vez que sonaba. Mientras los Compas ocupaban su lugar junto a los monigotes de cartón, el carcelero Romero, que había pasado la hora entera durmiendo, se despertó sobresaltado y de mal humor, como siempre que el bestial timbre le sacaba de su mundo de sueños.

—¡Vamos, panda de delincuentes! —gritó—. Preparados para el recuento.

Los presos se alinearon y Romero empezó a pasar revista. Entonces le ocurrió algo muy extraño. Con los ojos todavía llenos de legañas, creyó que estaba viendo doble. ¡Pero solo cuando miraba a Timba, Trolli y Mike! Sacudió la cabeza, cerró los ojos y se los frotó con fuerza para limpiárselos de legañas. Cuando volvió a abrirlos, comprobó con satisfacción que solo tenía ante su vista a un ejemplar de cada uno de los Compas.

Los tres amigos se habían salvado por los pelos tirando con disimulo a la papelera los tres monigotes de cartón que los habían sustituido durante la última hora. Bueno, en realidad solo dos de ellos acabaron en la basura, porque el que representaba a Mike estaba... ¿Dónde si no? Claro, en el insaciable estómago de Mike.

Los Compas, camino de su celda, comentaban la jugada.

—¡Ufffff! ¡Menos mal que ha cerrado los ojos por un momento! —dijo Trolli.

—Ya te digo, ha estado a punto de pillarnos —asintió Mike.

—¡Ja, ja, ja! —rio Timba—. Lo mejor ha sido la cara de Romero.

Esta vez incluso Trolli rio con la situación, y no era para menos, pues la tensión había sido tremenda durante la última hora y lo cierto es que todo había salido bien por muy poco margen. Mientras caminaban en fila hacia las celdas, Timba, que marchaba detrás de Trolli, no pudo reprimir su curiosidad y aprovechó para echar un vistazo al contenido de la carpeta. Solo había una hoja de papel con una especie de diagrama, un montón de líneas que le recordaron el

plano que, en su aventura anterior, les había servido para encontrar el diamantito legendario. Sin embargo, no creía que en aquella cárcel pudiera haber escondido ningún tesoro, así que tras echarle otra mirada volvió a meter el papel en la carpeta. O eso creía él... Lo hizo con tan poco cuidado que la hoja se deslizó por un lateral y cayó al suelo sin que nadie se diera cuenta. O más bien... casi nadie.

Cuando llegaron a la celda, Flex les aguardaba ansioso.

—¿Lo habéis conseguido? —preguntó.

—Sí, aquí lo tienes —respondió Timba, entregándole la carpeta con gesto de triunfo—. Estamos en paz.

El mapache azul se apresuró a abrir la carpeta que, por supuesto, estaba vacía.

—¿En paz? —fue su respuesta—. ¿Estáis de broma? Aquí no hay nada. ¿Dónde está el plano de la prisión que venía dentro?

—¿Ah, el papelito ese era un plano de la cárcel? —preguntó Timba, delatándose.

—¡Ajá! —exclamó Flex—. ¿Cómo sabes que había un papel? Habéis estado cotilleando y me habéis robado, ¿no?

—No, no, no... —se apresuró Trolli a calmar los ánimos—. Lo que pasa es... ¿Qué diablos ha pasado, Timba?

—Yo no sé nada. Es verdad que eché un vistazo a la carpeta mientras veníamos. Había un papel con rayitas y dibujitos y nada más. Lo volví a guardar y se acabó. No sabía lo que era.

—Aaaaah... ¿Ese papel? —empezó a decir Mike. Todas las miradas se clavaron en él.

—¿Qué has hecho, Mike? —preguntó Trolli, temiéndose lo peor.

—Es que... Vi caer ese papel al suelo y pensé que era mi merienda.

—¡No fastidies! —gritaron a la vez Trolli, Timba y Flex.

—Olía bien...

—¡Madre mía! Siempre la montas con tu hambre infinita...

—Lo siento —fue la triste respuesta de Mike, que intentó hacerse querer agrandando mucho los ojos.

—No, no lo sientes —respondió Flex sin dejarse conmover—. Todavía no. Pero lo vais a sentir. Los tres. Y mucho.

—Desde luego Mike sí que lo va a sentir —asintió Trolli—. ¡Voy a lavarte en seco!

—¡Noooooooo! —exclamó el pobre perrete.

—¡No me refiero a eso, atontaos! —gritó entonces Flex—. Lo que quiero decir es que me habéis fastidiado el plan de fuga con vuestras torpezas. Y eso no lo voy a dejar pasar...

La rabia había hecho hablar de más a Flex, que se calló de golpe al darse cuenta de que había revelado sus planes a los tres Compas. Aunque, por otra parte, ¿para qué iba a querer un preso el plano de su cárcel si no es para fugarse? Tan enfadado estaba que no cayó en este detalle y siguió amenazando a sus asustados compañeros de celda.

—Estáis acabados, voy a hacer que los Pigman os conviertan en picadillo. No me importa deberles favores hasta el final de mi primera cadena perpetua.

—¿Es que tienes varias? —preguntó Timba, conciliador.

—¡Tres! —respondió el mapache—. Soy un tipo muy peligroso.

—Pero el caso es que… —reflexionó Trolli—. Verás, los Pigman ya nos quieren matar. Así que vas a tener que buscar otra amenaza más seria. Lo digo en plan colega.

Flex se quedó sin saber qué decir. Era verdad, no hacía falta chivarse de nada a los Pigman y el mapache sintió que se quedaba sin argumentos para amenazar a los Compas. Aprovechando ese instante de duda, volvió a hablar Timba, deseoso de arreglar la delicada situación.

—Vamos a ver, chicos. Discutiendo no se soluciona ningún problema. ¿Qué tal si llegamos a un acuerdo?

—¿Qué clase de acuerdo? —preguntó Flex, intrigado.

—Verás, nosotros también queremos fugarnos.

—Es cierto —admitió Trolli.

—Sí, estamos aquí injustamente. Sobre todo yo, que soy un perro.

—Eso decimos todos —contestó Flex, sarcástico.

—¿Que sois un perro? —le preguntó Mike, extrañado.

—¡No! Que estamos en la cárcel injustamente. Madre mía, a ver si nos centramos. Timba, ¿qué propones?

—Podemos unificar tu plan y el nuestro. Si trabajamos en equipo, será más fácil salir de este lugar horrible.

—¡Ah, no, ni hablar! Para horrible tu idea. Me fugaré yo solo, no quiero cargar con tres inútiles como vosotros. Además, llamaríamos mucho la atención. Y olvidas un detalle: que ya no tenemos el plano gracias a vuestro hambriento amigo el perro.

—En eso te equivocas —respondió Timba, mostrando una enorme sonrisa al tiempo que se bajaba las gafas de sol de cartón. Se las volvió a colocar en la frente de inmediato, porque no veía nada.

—¿Qué quieres decir? —preguntó Flex, cada vez más intrigado.

Timba se tomó unos segundos antes de contestar. Quería darle suspense al momento.

—He memorizado el plano.

Flex lo miró con cara de alucine, pero no tanta como Mike y Trolli, que conocían muy bien a su despistado compinche.

—¿Y desde cuándo tienes tú tan buena memoria? —preguntó Trolli.

—Desde siempre. Como me paso la mayor parte del tiempo durmiendo, la tengo medio vacía.

—No sé yo si... —dijo Flex, sin estar muy seguro de creer lo que le estaba contando Timba—. ¿Serías capaz de dibujarlo?

—¡Por supuesto! Solo necesito una hoja de papel.

—No tenemos papel. Ni lápiz tampoco —respondió el mapache—. Habría que pedírselo a Sparta.

—¡Ah, no, ni hablar! —intervino entonces Trolli—. Ya estoy harto de deber favores. Ha de haber otro medio.

—Lo hay —fue la respuesta de Flex—. Pero no os va a gustar. Al menos, no le va a gustar al que le toque.

—¿A qué te refieres? —preguntó Trolli.

Flex se dirigió al pequeño armario que había en la celda y abrió su cajón personal. Del interior sacó una cajita de cartón. Dentro de esta había...

—¡Ni hablar! —exclamaron los Compas al mismo tiempo—. ¿Una máquina de tatuar?

—Es típico de las cárceles. Hay mucho tiempo libre y nos entretenemos haciéndonos tatuajes unos a otros.

—Lo que faltaba —dijo Trolli—. No estoy dispuesto a... Un momento, Timba, ¿por qué pones esa cara?

Timba, en efecto, había cambiado el gesto. Parecía estar sumido en profundos pensamientos, lo que resultaba poco corriente en él. Tras unos segundos de meditación, miró a Trolli y dijo:

—Quizá no sea tan mala idea, vinagrito. Y creo que tú eres el candidato ideal para el tatuaje.

—¿¿Yo?? ¿Y de dónde te sacas esa idea?

—Es sencillo: Mike y Flex son peludos, así que no resultará fácil tatuarlos.

—En eso te equivocas —respondió Flex—. Yo estoy lleno de tatuajes.

—Sí, pero con el pelo no se ven. Si queremos usar el plano, ha de verse con claridad.

—Eso es cierto.

—Vale —admitió Trolli—. ¿Y por qué no te lo tatúas tú, Timba?

—Porque yo soy el que se lo sabe de memoria y no puedo tatuármelo a mí mismo ni dar indicaciones a otro. Necesitamos... ¿Cómo llamarlo? Un pellejo neutral. El tuyo, Trolli.

—A mí no me parece mala idea —asintió Flex—. Yo me ocuparé de hacer el dibujo mientras tú me das indicaciones, Timba. Venga, manos a la obra.

—No, ni hablar, antes la muerte que dejar que mancilléis mi limpia piel —se defendió Trolli.

En ese momento sonó el aviso para cenar y el aire de las celdas se llenó de un olor suculento... a langostinos cocidos.

—¡Puag, qué asco! —dijo Trolli, sintiendo que se le revolvía el estómago—. ¡Vale, he cambiado de opinión! Lo que sea con tal de salir de este infierno langostiniano. Tatuadme el plano, pero que no me duela mucho.

—Ahora no hay tiempo —aclaró Flex—. Lo haremos con calma esta noche, después de la cena.

—Si estoy vivo para entonces —se lamentó Trolli—. ¡¡¡Aaaayyyy, Robertaaa!!!

—Un momento, un momento —cortó Timba—. Antes de hacer nada, te recuerdo, Flex, que soy el único que conoce el plano. ¿Aceptas que vayamos todos juntos o no?

—¡Maldito chantajista! Está bien, nos fugaremos los cuatro. Pero el jefe soy yo, ¿entendido?

—Claro, jefe.

La cena transcurrió de la manera habitual. Trolli comió su ración de pan rancio y Mike se zampó los langostinos de su amigo. El pobre Trolli estaba cada vez más delgado y se sentía más débil.

—Si esperamos mucho más, no voy a tener piel suficiente para que podáis dibujar el plano —se lamentó.

Esa noche, de vuelta en la celda, el extraño plan de fuga comenzó a ponerse en marcha con su primera fase: la reconstrucción del plano perdido sobre la espalda de Trolli. Flex preparó la máquina de tatuar y la tinta mientras Timba ejercitaba su memoria para recordar hasta el más mínimo detalle del diagrama.

—¿Estás seguro de que lo recuerdas bien? —preguntó Flex, antes de empezar a tatuar—. Mira que esto no se puede corregir.

—¡Y nos jugamos mucho! —añadió Mike—. Si el plano está mal, nunca saldremos de aquí.

—Sobre todo nos jugamos mi piel. Flex, procura que quede bonito.

—Bueno, vale ya, no me presionéis —soltó Timba, que se estaba poniendo un poco nervioso porque, de hecho, en su cabeza, solo veía líneas, cuadrados y redondeles en movimiento.

¡La verdad es que no estaba seguro de recordar bien cómo era el maldito plano!

8. NUEVAS NORMAS

Las cosas en Alcutrez se estaban saliendo de madre. Hasta ahora los Compas habían tenido suerte, mucha suerte, pero no podían seguir esquivando para siempre a los Pigman. Eran muchos, demasiados malvados acosándolos dentro de un lugar cerrado y angustioso.

Trolli intentó defender a sus amigos, pero era imposible hacer frente a la superioridad numérica de la banda de malhechores. Sujeto por varios de ellos, contempló impotente cómo otro grupo de secuaces de Nacho se llevaba a Timba camino de la lavandería. «Ya que echas de menos las duchas con agua, vamos a darte un buen lavado», gritaban, muertos de risa. Trolli sabía lo que significaba eso: iban a meter a Timba en una lavadora gigante, con la ropa sucia de toda la cárcel.

Eso era malo, pero aún peor era lo que le esperaba al pobre Mike. Nacho, muy metido en su papel de malvado, ordenó a los cocineros que prepararan un pan gigante y que le trajeran mucha mostaza y kétchup. A continuación agarró a Mike por las orejas, lo metió dentro del pan y lo bañó con las dos salsas. «Estoy harto de comer langostinos, ya tenía ganas de zamparme un buen perrito caliente, ¡ja, ja, ja!», exclamó el jefe de la banda.

Trolli luchaba por librarse de los malvados que le sujetaban, pero no podía, era como si le hubieran puesto encima

una roca muy pesada. Contempló, aterrado, cómo Nacho se disponía a comerse el «bocadillo». «¡Noooooo!», gritó Trolli, pero toda resistencia o protesta resultaban inútiles ante la malévola determinación de los Pigman. Y entonces Nacho se zampó el perrito caliente. Trolli quedó horrorizado al ver morir a su amigo de una forma tan espantosa.

En ese momento, Donald Trompeta, vestido de gala, pasaba por delante de las celdas acompañado de todos sus guardias, capitaneados por el sargento Pimiento. Cada uno tocaba un instrumento musical distinto al tiempo que marcaban el paso, como en un desfile militar... Un momento... ¿Un desfile? ¿Qué pintaba un desfile allí, así de pronto?

—¡¡¡Melocotón!!! —exclamó Trolli dentro de su sueño. A continuación se despertó, sobresaltado y cubierto de sudor frío.

Miró a su alrededor y vio que todo era normal. Tan normal como puedan ser las cosas en una cárcel, claro. Timba, Flex y Mike dormían como troncos. Mike masticaba en sueños. Por la ventana enrejada se veía ya la luz del amanecer. Pronto vendría Invíctor a despertar a todo el mundo.

—Solo ha sido una pesadilla —murmuró, intentando tranquilizarse—. Pero menuda pesadilla... No me extrañaría que muy pronto se hiciera realidad.

Intentó dormir de nuevo, pero no pudo. Notaba una molestia en la espalda. «¿Será por la mala comida?», pensó, antes de acordarse del tatuaje. «Ah, claro. Eso es. El maldito tatuaje, la fina piel de mi espalda marcada para siempre con un montón de garabatos». En realidad no era para tanto: los tatuajes se pueden borrar. Pero es verdad que resultan

dolorosos al principio y Trolli lo estaba comprobando en primera persona.

Al cabo de unos minutos, Invíctor comenzó su ronda mañanera como acostumbraba: pasando la porra por los barrotes para despertar a todo el personal.

—¡Vamos, chicos, arriba! Comienza otro precioso día de cárcel.

Flex abrió los ojos, malhumorado, como todas las mañanas. Mike saludó a sus compañeros de la forma habitual:

—Tengo hambre.

Y Timba... Bueno, a Timba hubo que sacudirle un poco el colchón para que se espabilara. Desde que estaban en la cárcel se estaba *esforzando* como nunca antes en su vida.

—Venga, Timba, despierta de una vez —le dijo Trolli—. Si te contara la pesadilla que he tenido, no dormirías tan a gusto.

—No me la cuentes, vinagrito —respondió medio bostezando—. Déjame dormir.

—Flex, me duele mucho la espalda —afirmó Trolli, sin dejar de sacudir la litera de su amigo—. ¿Es normal?

—Pues claro, novato. ¿Qué te habías creído? Se te pasará en unos días.

—Ojalá —respondió Trolli, poco convencido.

No estaba muy seguro de que se le fuera a pasar el dolor ni tampoco de que fuera a seguir vivo al cabo de unos días. Se miró de arriba abajo y se dio cuenta de que había adelgazado todavía más. Parecía un esqueleto andante. De seguir así, podría fugarse dejándose llevar por el viento. Y no era esto lo único que le preocupaba: en realidad no estaba muy convencido de que el plano dibujado por Flex fuera a servir para algo. Las vacilaciones de Timba mientras daba

indicaciones al mapache azul le dieron la sensación de que su amigo no recordaba el diagrama de la cárcel tan bien como aseguraba. Veamos un ejemplo:

—A ver, ¿dibujo aquí un cuadrado para las cocinas? —preguntaba Flex.

—Sí, sí, ahí mismo —afirmaba Timba, muy seguro.

—¡Pero si las cocinas están por el otro lado! —le respondía entonces Flex.

—Bueno, pues... Entonces será la lavandería.

—¿Y aquí una línea para el muro del patio?

—Claro que sí —volvía a afirmar Timba, muy optimista.

—Yo creo que por esa parte están más bien las calderas de la calefacción —insinuaba Mike.

—¿Hay calefacción en esta cárcel? Pues no se nota.

Mientras le tatuaban de esta forma, Trolli no decía nada. ¿Para qué? Se limitaba a apretar los dientes y aguantar el dolorcillo de los pinchazos. Solo esperaba que su sufrimiento sirviera para algo.

El sonido repentino de mucha gente entrando en la galería le sacó de estos recuerdos. Por el acceso principal llegaban el alcaide Trompeta, el sargento Pimiento y un montón de guardias. No iban vestidos de gala ni llevaban instrumentos musicales, pero a Trolli la situación le recordó de inmediato la pesadilla que acababa de tener. Esperaba que el resto del sueño, «perrito caliente» incluido, no se hiciera también realidad.

—¡Reclusos! —gritó el alcaide—. ¡A formar! El sargento Pimiento tiene algo que deciros. Algo de suma importancia.

Los presos, algunos en pijama (que era de color naranja, exactamente igual al uniforme de diario), salieron de las cel-

das y formaron a lo largo del corredor. El sargento Pimiento se adelantó unos pasos y comenzó a hablar en voz muy alta:

—¡Prisioneros! Ha sucedido algo muy grave. Algo que no estoy dispuesto a tolerar. Como sabéis, el ala sur de la cárcel está en obras para construir más celdas. Como el espacio de la isla es limitado, se ha decidido dividir por la mitad los calabozos antiguos. ¡Así cabrá el doble de presos, ja, ja, ja!

—Sargento, que se va usted por las ramas —le advirtió Trompeta, hablándole al oído.

—¡Ah, sí! —respondió el sargento—. Es que me entusiasmo con estos proyectos para hacer más incómoda la vida de los prisioneros. Al grano: hemos descubierto que, aprovechando estas obras, alguien robó hace tres días los planos de la prisión que usaban los obreros para sus trabajos.

—Y como ha sido fiesta ayer y antes de ayer —aclaró el alcaide—, no nos hemos dado cuenta hasta hoy.

—Pero no les diga eso —advirtió ahora Pimiento a Trompeta, en voz muy baja—. Que van a pensar que somos tontos.

—Es verdad. Disculpe, sargento. Y prosiga.

—En resumen, prisioneros: es una falta intolerable que será castigada con la máxima severidad. Sin embargo, como estoy de buen humor, puedo mostrarme comprensivo si los planos aparecen de inmediato. Si es así, prometo que solo castigaré al responsable con una pena ligera. Veinte años de aislamiento.

Nadie dijo nada. El silencio era tan espeso que se podía escuchar el rumor lejano del mar al otro lado de los muros de la prisión. El sargento Pimiento puso cara de impaciencia.

—«De inmediato» significa «ya, ahora» —aclaró.

De nuevo, silencio.

—¡Muy bien, vosotros lo habéis querido! —exclamó el sargento de muy mal humor—. En tal caso, seréis castigados todos. En tanto no aparezcan esos planos se han acabado los privilegios. Carcelero Romero, lea las nuevas normas.

—¡A sus órdenes, jefe! A ver... Para empezar, todo el mundo se levantará sesenta minutos antes. La hora de patio queda reducida a diez minutos. Solo se podrá ir al servicio una vez al día. Si alguien tiene ganas, deberá aguantarse. En la sala de televisión solo se podrán ver películas románticas. Y los langostinos se cocinarán sin sal, para que no estén tan buenos. Eso es todo.

—¡No, no es todo! —intervino el sargento—. Además, tendréis que trabajar el doble en el taller y se acabaron las actividades divertidas, como gimnasia y trabajos manuales.

Al decir esto, los presos estallaron en una ovación.

—¿Ah, sí? —dijo entonces Pimiento—. ¡Pues habrá horas extra de gimnasia y trabajos manuales!

—¡Noooooooo! —exclamaron los prisioneros.

—Yo habría preferido que nos castigaran sin langostinos —murmuró Trolli, por lo bajo.

—Estas normas entrarán en funcionamiento inmediatamente —terminó de hablar el sargento Pimiento—. ¡Así aprenderéis que conmigo no se juega!

Y sin más palabras, el alcaide, el sargento y la mayoría de los guardias se fueron por donde habían venido. Solo Invíctor trató de consolar a los presos:

—Bueno, chicos, no todo es malo. Al menos tendremos más tiempo para hacer ejercicio.

Nadie contestó nada, aunque algunos prisioneros miraron a Invíctor con ganas de asesinarlo un poco.

Pero si alguien allí ponía mala cara, esos eran los Pigman, sobre todo su jefe, el terrible Nacho. Al romper filas los presos, se acercó a los Compas y, encarándose con ellos, les dijo:

—De hoy no pasáis, noobs. ¡Estáis muertos!

Y al pronunciar esta frase hizo un gesto con la mano, como si les disparara con una pistola imaginaria. A continuación se reunió con sus secuaces para el desayuno.

—Esto es serio, chicos —dijo Trolli a sus tres compañeros de celda cuando se quedaron solos—. Hay que largarse de aquí cuanto antes.

—Pero aún no tenemos un plan de fuga —indicó Timba—. Habría que pensar un poco la manera de salir de aquí.

—No tenemos tiempo —insistió Trolli, quien cada vez tenía más claro que su pesadilla no había sido sino una premonición del futuro que les aguardaba—. Si esperamos más, los Pigman acabarán con nosotros.

—Estoy de acuerdo —dijo Mike—. No me gustaría acabar como condimento de los langostinos de Nacho.

—Eso sería lo menos grave —advirtió Flex, que conocía muy bien cómo se las gastaban los matones de la prisión.

—Entonces estamos de acuerdo —zanjó Trolli la discusión—. Hay que trazar un plan para hoy mismo. Si damos tiempo a los Pigman, estamos perdi...

Un murmullo de voces que resonaba por toda la galería interrumpió a Trolli. Un ruido que fue subiendo de volumen hasta convertirse en un estruendo que llenó de ecos la cárcel. En comparación, los rugidos de... la Bestia parecían el canto de un pajarito. Al cabo de unos segundos sonaron las alarmas.

—¿Qué ocurre? —preguntó Timba, asustado.

—¡No puede ser! —exclamó Flex, sin dar explicaciones.

—¡Melocotón! —se limitó a decir Mike.

—Lo que os decía, chicos: estamos perdidos.

9. MOTÍN EN ALCUTREZ

—¿Qué es todo ese follón? —preguntó Timba.

—Es como si fuera a haber una pelea —observó Mike.

—Viene del comedor —respondió Flex—. ¡Vamos a verlo!

Los Compas no estaban muy seguros de que fuera buena idea ir allí. Flex se quedó mirando asombrado a sus tres compañeros de celda:

—¡Venga, pasmados! Para una vez que pasa algo nos lo vamos a perder.

Aunque no quedaron muy convencidos por este argumento, los Compas siguieron a Flex hacia el comedor, donde los ruidos y los gritos iban en aumento.

—Nos estamos arriesgando a lo tonto —objetó Trolli—. Además, la voz que más resuena en medio del tumulto es la de Nacho. Creo que vamos directos hacia nuestra muerte final.

—Vamos, cobardicas —se mofó Flex.

Cuando llegaron al comedor, la escena parecía sacada de una película: Nacho Pigman, subido en lo alto de una mesa, se dirigía a los demás presos, que vociferaban levantando los puños:

—¡Os lo repetiré una vez más! —gritó el jefe de la banda—. La cárcel ya es lo bastante mala para encima aguantar esto. Vale que la comida sea bazofia, que el trabajo sea aburrido y que el alcaide lleve un peinado ridículo. Es horrible, aunque entra dentro de lo pasable. ¡Pero levantarse una hora antes y hacer más gimnasia y trabajos manuales! ¡¡¡Antes la muerte!!!

El discurso recibió el aplauso entusiasmado de los demás Pigman e incluso de Mike y Timba, que odiaban hacer ejercicio. El resto de presos no sabía muy bien cómo actuar.

—¡Pero aplaudidme, cretinos! —gritó Nacho, muy enfadado. Los demás prisioneros aplaudieron tímidamente—. ¡Así me gusta! Ahora que cuento con vuestro apoyo os diré

lo que vamos a hacer: ¡nos amotinaremos! —De nuevo se hizo el silencio, por lo que Nacho siguió hablando, pensando que era un signo de aprobación—. No aceptaremos las nuevas reglas, vamos a poner la cárcel patas arriba hasta que hagan caso de nuestras demandas. O... ¡¿Qué demonios?! ¡Si somos más que los guardias! ¡Seremos los amos de la prisión! ¡Yo seré el nuevo alcaide y cambiaré las normas!

Nada más escuchar estas palabras, los Pigman empezaron a corear el nombre de su jefe y, a continuación, pusieron en marcha el motín: arrojaron mesas y sillas por los aires, lanzaron la comida contra las paredes e hicieron pedazos la vajilla, lo cual resultó algo complicado porque tanto vasos como platos eran de metal. Pero los Pigman eran muy brutos. El resto de presos dudó un poco al principio, pero, entre las amenazas de los secuaces de Nacho y el aburrimiento general de la cárcel, pensaron que quizá no estaría mal un poco de diversión. Además, como dijo Flex, sumándose a la juerga:

—No podemos estar peor que estamos. Aunque nos castiguen en aislamiento, eso será mejor que las nuevas normas.

Trolli le detuvo de inmediato:

—Para, Flex... Es justo protestar contra las normas injustas, pero olvidas algo.

—¿El qué? —preguntó, extrañado, el mapache azulado.

—Pues que si colaboras con los Pigman, te rebajas a su nivel.

—Ah, bueno... A mí eso me da igual —observó Flex mientras arrojaba los langostinos del desayuno contra las paredes del comedor.

—¡No es solo eso! —intervino entonces Trolli—. ¿No os dais cuenta de que es la oportunidad que esperábamos?

—¿La oportunidad de qué? —preguntó Mike, que se había quedado adormilado con el barullo del motín.

—¡De escapar! Los guardias estarán ocupados reduciendo a los amotinados. Habrá un descontrol tremendo durante las próximas horas. Es el momento de largarnos.

—¿Pero cómo? —protestó Timba—. No hemos tenido tiempo de trazar un plan.

—¡Tú no, que te pasaste durmiendo la semana entera de aislamiento! Pero yo tuve montones de ideas. Y seguro que Flex también había pensado algo.

—Bueno, sí, pero mi plan tiene que realizarse en noche de luna llena porque... —empezó a decir el aludido, pero no tuvo tiempo de terminar la frase.

—¡Cuidado! —exclamó Timba.

Una silla pasó volando al lado de sus cabezas, arrojada por Nacho. No había sido por casualidad. El líder de los Pigman estaba ocupado dirigiendo el motín, pero no olvidaba que tenía pendiente vengarse de los Compas. Por esta vez había fallado el tiro, pero con el desorden que empezaba a extenderse por la cárcel no le faltarían oportunidades de acabar con nuestros amigos.

En cuestión de minutos la cárcel entera estaba sumida en el caos. Unos presos lanzaban rollos de papel higiénico desde lo alto de las galerías (esta forma de protesta, al parecer, venía indicada en el Manual del Presidiario, segunda edición), mientras otros taponaban los accesos a la galería con muebles y colchones.

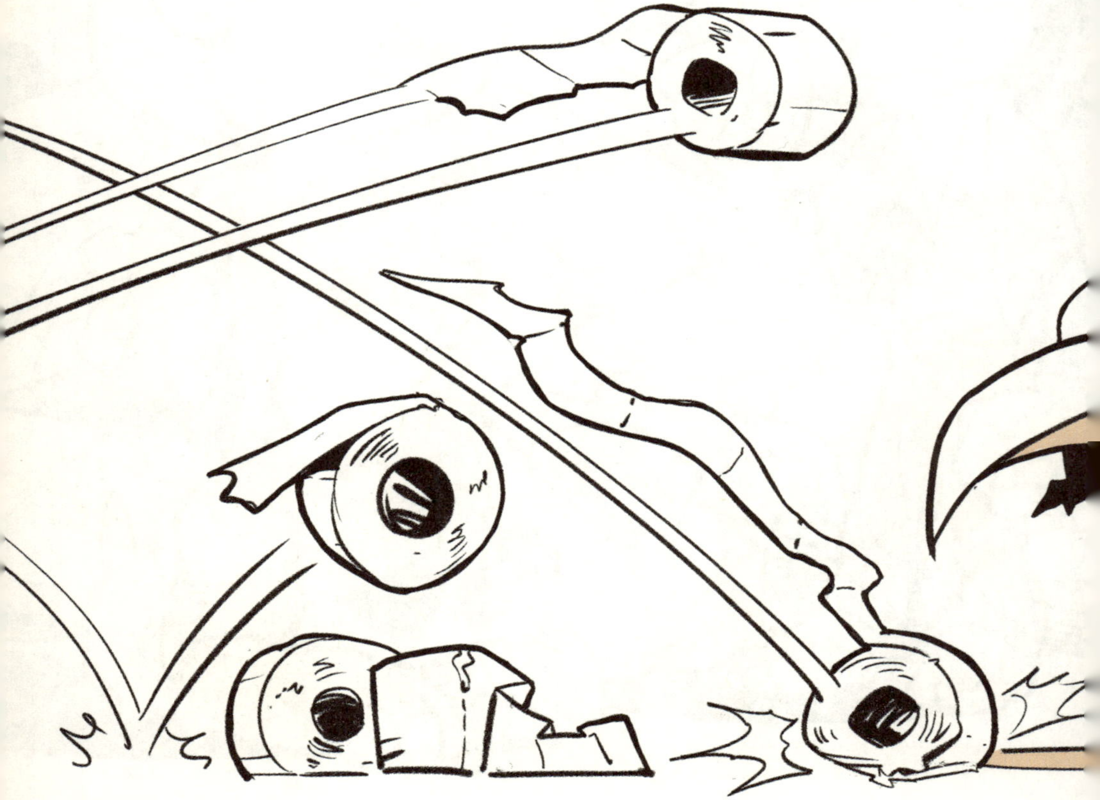

Los únicos guardias de servicio en la zona en aquel instante eran Invíctor y Romero. Y aunque intentaron hacer frente al motín, pronto se vieron imposibilitados para controlar a tantos prisioneros. Además, Nacho había tomado la precaución de inutilizar los pulsadores de alarma. De momento no llegarían refuerzos.

Nacho Pigman se sentía en la cima de su poder. En sus largos años de carrera delictiva nunca se había sentido tan fuerte. La galería principal, la cocina, el comedor y los talleres habían caído ya en su poder. Invíctor y Romero resistían valientemente, atrincherados en el cuarto de las escobas, pero su situación era desesperada.

—¡Escuchadme, guardias de pacotilla! —les gritó Nacho—. ¡Como no salgáis ahora mismo de vuestro escondite, os cocino vivos!

Mientras decía esto, movía en el aire una antorcha que había fabricado con los trapos de la cocina, totalmente empapados de grasa. Una humareda negra llenó el ambiente de tufo a langostino, lo que puso a Trolli más enfermo de lo que ya se sentía.

Invíctor, al ver lo que se les venía encima, decidió jugarse el todo por el todo:

—Escucha, Romero —dijo a su compañero—. Uno de los dos puede salvarse.

—¡Que sea yo, por favor! —respondió el aterrorizado Romero.

—Pues sí, eso iba a decirte —confirmó Invíctor—. Verás: mientras yo salgo a enfrentarme con los Pigman, tú correrás hacia la puerta sur. Me he dado cuenta de que es la única que aún no controlan los amotinados. Por desgracia, no podremos llegar los dos, así que sal tú mientras yo entretengo a los presos y pide ayuda. Si Nacho y los suyos consiguen controlar más zonas de la cárcel, será muy difícil, o imposible, vencerlos. ¡Aún estamos a tiempo, amigo!

No había terminado de decir estas palabras cuando Romero salió disparado como un rayo hacia la puerta sur. Invíctor no tuvo tiempo de hacer su parte del plan:

—Pero, hombre, espera un poco...

Invíctor, viendo que varios presos se lanzaban sobre Romero, salió del cuarto de escobas porra en mano, dispuesto a todo para conseguir que su compañero saliera vivo y entero de la encerrona.

—¡Cuidado, que soy cinturón naranja! —exclamó Invíctor, lanzando algunos porrazos al aire.

Fue suficiente para que los presos se asustaran y Romero lograra atravesar la puerta sur... por los pelos. La alarma general, activada por el guardia desde el otro lado de la puerta, no tardó en sonar. El valor de Invíctor cambiaba la situación: pronto llegarían refuerzos y el motín tal vez podría ser controlado.

O no. Porque Nacho tenía sus propios planes al respecto:

—¡Esto no cambia nada, muchachos! —gritó el malvado—. Traedme a Invíctor aquí.

El guardia, aunque se defendió con gran valentía, no pudo resistir el ataque simultáneo de docenas de presos. Privado de sus armas y con las manos atadas, fue llevado ante Nacho como si fuera un trofeo de guerra.

—Esto no me gusta, Trolli —dijo Mike, preocupado—. ¿Qué le van a hacer al pobre Invíctor?

—Nada bueno —respondió Trolli—. Y es una pena, porque es el más amable de los guardias.

Nacho Pigman, satisfecho por el cambio de papeles (ahora el carcelero era el prisionero, y al revés), se dirigió a los amotinados:

—¡No os preocupéis por la alarma ni porque vengan más guardias! —exclamó—. ¡Tenemos algo muy valioso! ¡Un rehén! ¡Y no cualquier rehén, sino el guardia mejor plantado de toda la cárcel! ¡No se atreverán a atacarnos, deberán negociar! Pero por si acaso se piensan que no vamos en serio...

Los secuaces llevaron a Invíctor en volandas y lo sujetaron entre varios sobre una de las mesas del comedor, que habían trasladado hasta la galería. Mientras Invíctor forcejeaba para liberarse, Nacho se acercó, le quitó los zapatos... y empezó a hacerle cosquillas sin piedad en la planta de los pies.

—¡¡¡Nooooooo!!! —exclamó el pobre Invíctor—. ¡¡¡Piedaaaaad!!! ¡¡¡Eso no!!!

—¡Te lo mereces, por tus malditas clases de gimnasia! —gritó Nacho—. Y por esa manía de aporrear los barrotes por la mañana. ¡Odio madrugar y hacer deporte!

—Pobrecillo. ¡Hay que salvarlo! —exclamó Trolli, preocupado.

De nuevo, sin pararse a pensar ni por un segundo el riesgo que corría, se lanzó contra Nacho Pigman dispuesto a parar como fuera la tortura a la que estaba siendo sometido el desgraciado Invíctor. Mike y Timba se miraron y, como un solo hombre (aunque uno de ellos fuera un perro), marcharon detrás de su amigo.

—Pero, pero... ¿Y nuestro plan de fuga? —preguntó Flex, viendo cómo los Compas se lanzaban de cabeza al peligro.

—Eso puede esperar —le respondió Mike—. No podemos dejar que ese abusón... Pues eso, que abuse.

Trolli fue el primero en llegar.

—¡Nacho, suelta a Invíctor inmediatamente! —exclamó.

Nacho siguió a lo suyo, haciendo cosquillas a Invíctor. Viendo que no le hacía caso, Trolli se acercó un poco más y dio un empujón al malvado. Lo hizo con fuerza, pero estaba tan débil y había perdido tanto peso que lo único que con-

siguió fue rebotar hacia atrás y caer al suelo. Solo entonces Nacho se dio cuenta de que los Compas volvían a entrometerse en sus planes.

—¿Otra vez vosotros tres? —preguntó, con cara de mucho enfado—. ¿Es que tenéis ganas de sufrir?

—El que va a pasarlo mal eres tú si no liberas a Invíctor ahora mismo —dijo Mike.

—¡Ja, ja, ja! ¡Esta sí que es buena! ¿Y qué tenéis pensado hacerme? —se mofó Nacho—. Venga, por favor, no me hagáis mucho daño...

—Este... La idea era que soltaras a Invíctor por las buenas —insinuó Timba, en plan pacificador.

—¡A mí se me ocurre una idea mejor! —gritó Nacho—. ¡Torturaros también a vosotros! ¡Chicos, agarradme a estos tres idiotas!

Tres de los Pigman, obedeciendo las órdenes de su jefe, se lanzaron sobre los Compas con muy malas intenciones. El primero de ellos, que intentó atrapar a Mike, se lo pensó dos veces cuando el Compa perruno le enseñó los dientes, así que prefirió esperar a ver qué hacían sus dos compinches. Uno de ellos, el que atacó a Trolli, se encontró con una sorpresa: su objetivo estaba tan delgado que no podía agarrarlo. Por más que se esforzaba para capturarlo, Trolli siempre conseguía escabullirse.

—Mira, alguna ventaja tiene la dieta del pan duro —comentó Trolli, burlándose de su agresor.

Pero no estaba la situación para risas: el tercer Pigman se lanzó a por Timba y este, a falta de un plan mejor, echó a correr alrededor de la mesa sobre la que estaban torturando a Invíctor. El malvado se puso a perseguirle, pero Timba corría más. Dando una vuelta tras otra a la mesa, nuestro amigo empezó a ganar terreno con tanta velocidad que, de repente, era él quien parecía perseguir al Pigman.

—¡Pero vaya dos imbéciles! —exclamó el jefe de la banda—. Vosotros —añadió, dirigiéndose a los que sujetaban a Invíctor—: agarrad a ese canijo, ya está bien de que estos tres nos tomen el pelo.

Los secuaces obedecieron las órdenes, pero, claro, para eso tuvieron que soltar a Invíctor. Y este, al verse libre, aprovechó para soltar porrazos a Nacho y a sus hombres.

—¡Quedáis detenidos! —gritó el guardia—. Si os rendís ahora, será mejor para todos.

—¡Agarradle de nuevo, idiotas! —exclamó Nacho, al darse cuenta del error cometido—. ¡Ya nos ocuparemos luego de los Compas!

Los Pigman, atacando en bloque, consiguieron reducir de nuevo a Invíctor, aunque con grandes esfuerzos.

—¡Chicos, es ahora o nunca! —dijo Flex, acercándose a los Compas—. Si perdemos más tiempo aquí, no conseguiremos escapar.

—Pero no podemos abandonar así a Invíctor —protestó Trolli.

—Es él o nosotros —insistió Flex—. Habéis hecho lo que habéis podido, pero está claro que no podéis ayudarle: los Pigman os superan en número y en peso.

—Estoy de acuerdo, es pura lógica redonda, aunque no sea la mía —dijo Timba, que seguía corriendo alrededor de la mesa, por inercia—. Yo me estoy empezando a agotar...

—Está bien, vámonos —aceptó Trolli—. Pero...

Los tres Compas entendieron que no era posible salvar a Invíctor. Tal vez el resto de los guardias, cuando acudieran, podrían socorrerle. Ahora lo importante era aprovechar el momento para escapar, así que salieron corriendo de la galería en dirección a las cocinas, aprovechando que los Pigman no les prestaban atención por el momento.

—¿Y ahora qué hacemos? —preguntó Mike.

—Pues... No lo sé —admitió Trolli—. ¿Cuál era tu plan, Flex?

—Mi plan... Mi idea era llegar a la zona donde pescan los langostinos y coger una barca. Pero, como os dije, tiene que ser un día de luna llena.

—¿Y eso por qué? —se extrañó Mike.

—Porque es cuando las corrientes marinas van directas hacia la costa de Tropicubo. Y faltan dos semanas. Si nos fuéramos hoy, las mareas nos arrastrarían hasta perdernos en medio del mar.

—Claro, el mar —dijo Trolli—. Nos hemos centrado tanto en salir de la prisión que nos hemos olvidado de que una vez fuera no tenemos medio de regresar a tierra firme.

—Y Tropicubo está muy lejos para llegar nadando —observó Mike.

—Bueno, la verdad es que creo que no tendremos que preocuparnos por semejantes detalles, chicos —comentó Timba.

—¿Y eso? —preguntaron los tres.

—Mirad quién entra por la puerta...

Nacho y sus Pigman, tras vencer la resistencia de Invíctor, no se habían olvidado de que tenían cuentas pendientes con los Compas. Y en la cocina no había más que una entrada... y una salida.

10. COMIENZA LA FUGA

Los Compas habían caído como ratones en una trampa. La banda entera de los Pigman bloqueaba la salida y avanzaba hacia ellos. Algunos iban tomando diferentes utensilios de cocina y reían como locos.

—Van a convertirnos en una pizza cuatro estaciones —dijo Mike, aterrorizado.

—Normal —afirmó Trolli—: ellos también están hartos de langostinos.

—Pues a mí me gustan —aclaró Timba, que como de costumbre trataba de buscar el lado bueno.

—¡Eh, Compas! —exclamó Nacho, furioso—. ¡Ya se han acabado vuestras tonterías!

—¡De eso nada, cara cerdo! —le respondió Trolli, amenazándole con una batidora—. Tenemos tonterías de sobra.

—¿Pero qué dices, Trolli? —le preguntó Mike.

—No lo sé. Serán los nervios o la falta de café. O que nunca me habían matado antes.

Poco a poco el cerco se iba estrechando. Nacho y su banda, decididos a cumplir sus amenazas, fueron arrinco-

nando a los Compas y a Flex en el rincón de la cocina donde se amontonaban los cubos de desperdicios.

—¡Ja, ja, ja, qué apropiado! —rio Nacho—. ¡Vais a acabar en la basura!

—En fin, al menos hay algo bueno en todo esto —indicó Timba.

—¿El qué? —preguntaron a coro Mike y Trolli.

—Que nos vamos a librar de ciento nueve mil... no sé cuántos días de condena.

La situación, sin embargo, no estaba para bromas. El espacio para la retirada se había terminado y los cuatro compañeros de celda se encontraban entre la espada y la pared. O, más bien, entre la sartén que había cogido Nacho y el muro mugriento del vertedero de basuras.

—Esperad —advirtió Trolli, fijándose en una trampilla metálica que cubría parte del muro—. Flex, ¿eso es lo que yo me imagino?

—¿Nuestra tumba inminente? —preguntó el mapache azul—. Sí, eso me temo.

—No, hombre. Quiero decir si eso es una tolva.

—¿Una qué?

—Madre mía... Un tubo para tirar las basuras.

—Ah, sí. Si cuando hablas normal, se te entiende bien. Lo es. Va a parar al piso inferior. Un sitio realmente asqueroso.

—Pero puede ser nuestra salvación. ¿No os dais cuenta?

Flex, Mike y Timba miraron a Trolli con cara de besugo. Vamos, que no lo pillaban. Pero no había tiempo: sin dar explicaciones, agarró a Mike y lo lanzó por la tolva. A continuación se arrojó él mismo:

—¡Vamos, Timba, Flex! ¡Seguidme si queréis salvar el pellejoooooo!

La caída era bastante larga, ya que el vertedero de la cárcel se encontraba dos o tres plantas más abajo. El conducto de la tolva era lo suficientemente ancho como para que pasaran los Compas y Flex, pero no los Pigman, que eran todos muy corpulentos y alguno más bien gordo. Al menos eso había pensado Trolli. Al caer por el tubo podía ver cómo se acercaba la luz de la salida al vertedero. Pero allí, casi al final, había algo más. Algo con lo que iba a chocar sí o sí.

—¡Melocotón! —gritó—. ¿Qué es eso? ¡Que me la pego!

Un segundo después chocaba contra un objeto más bien fofo y medio blando. Un segundo más tarde le caían encima Timba y Flex.

—¡¡¡Aaaaggggghhh!!! ¡Socorrooo, estamos atrapados! ¡Vamos a morir! —exclamaban unos y otros.

—Pero ¿qué diablos es lo que obstruye el paso! —se preguntaba Trolli, que apenas podía ver nada en la penumbra del tubo.

—Me temo que soy yo otra vez —respondió Mike, con voz triste—. Ya sabéis, la dieta de la cárcel. He engordado un poco. Y con esta manía de meternos todo el día por tubos estrechos, pues...

—Maldita sea —gimió Timba—. Escapar de los Pigman para acabar así.

—No os preocupéis —aclaró Mike—. Es el giro del tubo justo a su final. Solo tengo que avanzar un poco para salir.

Haciendo un esfuerzo, Mike logró superar el recodo de la tolva y, empujando la trampilla, salir al vertedero del sótano. En cuanto desapareció el atasco, Trolli, Timba y Flex cayeron rondando al exterior.

—¡Madre mía! —dijo Flex—. Ya no estoy tan seguro de querer fugarme.

—Yo tampoco —protestó Mike.

—Yo tengo sueño —aclaró Timba.

—Vamos, chicos, no os desaniméis. Hemos pasado lo más difícil... Creo. Ahora solo tenemos que seguir las indicaciones del plano que me habéis tatuado.

—Esooo... Qué bien... Estamos salvados... —respondió Timba, sin mucha convicción. Por suerte nadie vio su gesto, porque en la sala del vertedero había poca luz.

Caminaron unos metros, hasta un corredor débilmente iluminado por unas viejas bombillas cubiertas de polvo y telarañas. Ya no quedaba duda: en Tropicubo no se preocupaban por mantener limpias las zonas poco visitadas. La luz de las bombillas no eran gran cosa, pero bastaba para echar un vistazo al plano. Trolli se levantó la camiseta para que sus compañeros analizaran la ruta a seguir.

—Bien... Yo creo que estamos aquí —empezó a decir Timba, señalando un punto bajo el omóplato derecho de su amigo.

—¿Qué dices? —respondió Flex—. Estamos al lado del vertedero y tú estás señalando la despensa.

—Bueno, la comida es tan mala que no hay mucha diferencia, ¿no? —se excusó Timba.

—¿Estamos aquí? —preguntó Mike, plantando una de sus patas a la altura de los riñones de Trolli.

—Puede ser... Aunque también podríamos estar aquí —manifestó Flex, pasando su peluda mano desde esa parte a la zona de los hombros.

—Qué va, chicos —intervino Timba, plantando un dedo cerca del sobaquillo izquierdo de Trolli—. Está claro que estamos aquí.

—¡Ja, ja, ja! —se echó a reír Trolli—. ¡Parad ya, que me estáis haciendo cosquillas!

—A ver… —dijo entonces Mike—. Timba, ¿estás seguro de que el plano es correcto?

—Hombre… Más o menos. Es que esta planta no estaba bien dibujada en el original.

—Madre mía.

Los cuatro fugados volvían a sentirse atrapados. Habían escapado de la amenaza de los Pigman, pero estaban perdidos en medio de la inmensidad de la prisión, sin saber qué hacer ni a dónde ir. Y no era el único inconveniente a superar.

—A ver, colegas —intervino Flex, rompiendo el silencio—. De entre todos nuestros problemas hay uno que me preocupa en especial: incluso si logramos salir al exterior,

aún tenemos el problema del mar. Hoy es luna nueva. La oscuridad será completa y eso nos viene bien. Pero las mareas circulan hacia mar abierto, lejos de la costa. No podemos irnos nadando ni tampoco remando. Y eso suponiendo que pudiéramos hacernos con una de las barcas que se usan para pescar langostinos.

—¡Puag! —dijo Trolli, con cara de asco.

—Yo tengo la solución —soltó entonces Timba—: llamemos a Rius.

—¿Cómo? —preguntó Trolli.

—Es pura lógica redonda: quedamos en un punto de la costa y que nos recoja.

—No, si eso estaba claro. Digo que cómo lo llamamos.

—Ah, claro. Que no tenemos teléfono. Pues sí, es un problema.

—Hay unos teléfonos públicos para que los presos puedan llamar a sus familiares y amigos.

—Excelente. Vamos allá entonces —dijo Mike, muy contento.

—Claro... Solo hay que volver a subir a la planta principal —aclaró Flex.

—¿Volver a la zona del motín? ¿Con los Pigman? —preguntó Timba.

—Sí. Aunque los teléfonos se encuentran en un corredor poco transitado, cerca de la entrada a aislamiento. El centro del motín está en la galería principal. Si vamos con cuidado, tal vez no nos vea nadie.

Todos dieron por buena la propuesta de Flex. A fin de cuentas tampoco disponían de muchas alternativas. El camino de vuelta no era muy difícil. Al encontrarse en una zona de servicio, alejada de las celdas, el control era menos estricto. Había pocas puertas y todas estaban abiertas, aunque esto, aclaró Flex, se debía probablemente a la situación anormal de la prisión:

—Es como si los guardias hubieran salido corriendo, abandonando sus puestos. No es que suela haber mucha vigilancia por aquí, pero es raro que no haya nadie. Tengamos cuidado, no vayamos a caer en una encerrona.

Tras cruzar varios corredores sin ver a nadie, llegaron al fin a una gran escalera que comunicaba los sótanos con el área superior. En esta parte vieron algunas cámaras de seguridad, todas apagadas.

—Es la política de austeridad del alcaide Trompeta —aclaró Flex—. Como nadie se ha escapado nunca por aquí, pensó que no sería mala idea ahorrar un poco de electricidad.

—A eso lo llamo yo lógica cuadrada —se mofó Timba.

La escalera terminaba en un gran portón metálico, parecido al de aislamiento (y a todos los demás de la cárcel). A diferencia de las demás puertas que habían encontrado hasta ese momento, esta sí estaba cerrada.

—Era demasiada suerte —se lamentó Trolli—. Estamos atrapados. Ahora, si no nos matan los Pigman, nos acabarán pillando los guardias y pasaremos los próximos cien años en una celda de castigo.

—Tranquilo, vinagrito, que te vienes abajo enseguida. Tengo otra idea de lógica redonda.

—¿Cuál?

—A ver... Si tú fueras guardia en una prisión, ¿te aprenderías de memoria cuarenta contraseñas para abrir cuarenta puertas?

—Ya veo por dónde vas —observó Mike.

—Yo no —protestó Flex, desconocedor de los movimientos previos de los Compas por la cárcel.

—Lo más probable es que usen una sola clave —afirmó Timba, con lógica redonda—. Así que probemos la que ya sabemos.

—Venga, tampoco perdemos nada por hacerlo —asintió Trolli—. ¿Alguien se acuerda de los números?

—Pues... —fue la respuesta de Mike.

—¿Nadie la recuerda? —preguntó Trolli, desmoralizado.

—Creo que era «1, 2, 3, 4» —respondió Timba.

—¡Ya vimos que esa no era, pesao! —protestó Trolli.

—Es verdad. ¿Y los cumpleaños? Ah, no. Eso tampoco, ya me acuerdo. Es que estaba medio dormido.

—Qué suplicio de hombre —se quejó Trolli—. Tanto ir y venir para nada.

—Yo creo que no hemos tenido en cuenta una cosita —observó Mike, poniendo cara de interesante.

—¿El qué? —preguntaron todos a la vez.

—Que las puertas, en las cárceles, están pensadas para impedir la salida, no la entrada. Esta puerta tiene un pomo. ¡Y no hay teclado para las claves, que no os fijáis!

Trolli y Timba se miraron avergonzados. El primero, que estaba más cerca, accionó el pomo y... la puerta se abrió sin el menor problema.

Estaban dentro. Tras un breve recorrido por corredores vacíos y alguna escalera más llegaron de nuevo a la sección principal de la cárcel. Con cautela, para no ser descubiertos, avanzaron hasta la zona de los teléfonos, justo al lado de la puerta de aislamiento. Desde allí podían escuchar los ruidos del motín, pero sonaban bastante lejos. Menos mal que ninguno de los Pigman había decidido llamar por teléfono a la familia para contarles cómo iba el motín.

—Vale. Voy a llamar —dijo Trolli, con una sonrisa de oreja a oreja—. Esto... ¿Alguien me deja una moneda?

Se hizo el silencio. Trolli volvió a hablar:

—No me lo digáis: nadie tiene.

—Yo ni siquiera tengo bolsillos —se disculpó Mike.

—Ni yo —dijo Flex, que tampoco llevaba pantalones.

—A mí no me miréis —afirmó Timba.

—Madre mía, y encima... —Trolli se calló de repente—. ¡Cuidado, viene alguien! ¡A esconderse!

—¿Dónde? ¡No hay sitio! —se lamentó Mike.

—¡Demasiado tarde! ¡Ya está aquí!

Los tres Compas y Flex estaban listos para lo peor. Ya habían vivido peligros antes, pero aun así no se acostumbraban. Sin duda los Pigman los habían localizado. Y esta vez sí que no había escapatoria.

—Pero... ¡Si es Sparta! —se sorprendió Mike—. Nunca pensé que me alegraría de ver a este canijo.

—¡No me llames canijo! —respondió el aludido—. Soy de talla S, nada más. «S» de Sparta.

—No discutáis —intervino Flex—. La llegada de Sparta es providencial. ¡Si alguien puede ayudarnos ahora, es él! Sparta, no tendrás unas monedas para llamar por teléfono, ¿verdad?

—Sí que tengo —respondió, sacando del bolsillo unas cuantas monedas algo oxidadas—. Pero si las queréis...

—... tenemos que hacerte un favor —dijo Trolli, que ya se sabía la canción—. Vale, ¿qué quieres? Pero rapidito, que hay prisa.

—Pues... Sé que queréis fugaros. No me mires con ese careto: para mí no hay secretos en esta prisión. El favor que

quiero es... irme con vosotros. Los Pigman pretenden machacarme porque no me he unido a su motín.

—¡Otro más! Vale, vente. Pero dame las monedas de una vez.

Sparta lanzó las monedas y Trolli las cogió en el aire. Solo faltaba llamar a Rius. Trolli introdujo el dinero, marcó el prefijo de Tropicubo y...

—Os vais a reír —dijo a sus compañeros—, pero no me acuerdo del número de Rius. ¿Alguien se lo sabe?

Nadie respondió. Flex y Sparta porque ni siquiera sabían quién era Rius. Mike y Timba... Bueno, miraron hacia otro lado, como si la cosa no fuera con ellos.

—¿Por qué no llamas a información? —sugirió Mike.

—¡Claro! Si es que estoy espeso. —Trolli marcó el número de información y... una voz conocida le respondió a los pocos segundos.

—Información de Tropicubo. Dígameeeeee... Le habla Ambrozzio.

—¡No fastidies!

—No, no, *ezto ez* información.

—Madre mía. ¿Me puedes dar el teléfono del capitán Rius?

—¿Cual de *elloz*?

—¿Es que hay varios?

—¡Uuuuffff! No *ze* hace *uzté* una idea. Tropicubo *eztá* lleno de *capitanez Riuz*.

—Pues será... No sé. ¿Rius Espárrago?

—Ah, ¿que quieren *ezpárragoz*? No *ze* preocupen, que *ze loz* mando ya *mizmo*. ¿Dónde *eztán*?

—¡En una isla! ¡Y el que se va a ir a freír espárragos eres tú! —Trolli estaba que echaba humo por las orejas—. Quiero el número de teléfono de Rius.

—Ah, *zoiz ezoz* que *ziempre eztáiz* dando *vueltaz* por *laz izlaz*. *Queréiz* hablar con *Ríuz*... *Ez* que lo de «capitán» me ha *dezpiztadoz. Oz pazo*... Un *zegunditoz*...

Mientras esperaban, los cinco fugitivos se dieron cuenta de que el ruido del motín era cada vez más escandaloso. Debía de haber un buen follón en la galería. Al fin Ambrozzio consiguió comunicar con Rius y le pasó la llamada a Trolli, quien explicó a su amigo el marino la situación. Rius, que tenía ya a punto *La Pluma Negra*, aseguró a Trolli que estaría frente a las costas de Alcutrez en pocas horas. Solo tenía que zarpar. Trolli insistió, pese a que le daba asco mencionarlo, que el punto de quedada sería el pequeño embarcadero donde se desembarcaban los langostinos.

—No tiene pérdida, seguro que notas el olor de esos malditos crustáceos —le dijo Trolli antes de colgar—. Por cierto: tráeme un bocadillo de chorizo si no quieres verme morir de hambre.

Todo estaba a punto: Rius en camino, los guardias ocupados sofocando el motín y la noche oscura, sin luna. Solo había que salir del edificio y llegar a la costa. ¿Pan comido? Bueno, depende… Porque si el ruido de los amotinados sonaba cada vez más fuerte no era porque hubiera más follón, sino porque… ¡se estaban acercando!

Los cinco fugitivos estaban planeando la manera de salir cuando, de repente, aparecieron los Pigman armados hasta los dientes con palos, cucharones y otros utensilios. Llevaban con ellos a Invíctor, que tenía mal aspecto después de las torturas. Habían ido hasta allí siguiendo el rastro de Sparta, al que querían dar su merecido. Nacho abrió los

ojos como platos al ver allí a los Compas, totalmente a su merced.

—¡Vaya, vaya, vaya! ¡Esto sí que es un golpe de suerte! ¡Mis víctimas favoritas se han reunido aquí para que acabe con ellas! Desde luego, os doy las gracias por vuestra amabilidad. ¡Chicos, agarrad de una vez a estas sanguijuelas escurridizas!

—¡Melocotón! —exclamó Trolli.

—¡Sparta, maldito seas! —gruñó Mike—. Nos has echado encima a esta panda de criminales.

—¡No es culpa mía!

—¡Estamos perdidos! —fue todo lo que pudo decir Timba. Y sus amigos estaban, por una vez, de acuerdo con su lógica redonda.

11.
¿AL FIN LIBRES?

—¡¿Pero nunca nos vamos a librar de este tío?! —protestó Mike—. ¡Es que no hay manera!

—Hombre, es que en una cárcel es fácil encontrarse con la misma gente una y otra vez —aclaró Flex, antes de saltar—: ¡Además, es lo que tiene haber vuelto al lugar de partida después de tantas vueltas! Tendría que haber seguido mi propio plan de fuga…

—¡Vamos, chicos, calma! —intervino Trolli—. Quizá podamos negociar con los Pigman.

—¡Muchachos, capturad a los Compas y hacedlos picadillo! —exclamó Nacho—. Había pensado usaros como rehenes, pero… ¡Estoy harto de vosotros!

—Vale, no quiere negociar. Pasamos al Plan B.

—¿Tenemos un Plan B? —preguntó, sonriente, Timba.

—Sí… —empezó a decir Trolli—. ¡¡¡Correr!!!

Como Plan B podía valer, pero tenía lagunas. Muchas lagunas. Sparta fue el primero en caer: intentó resistirse, pero uno de los Pigman, un tipo grande y fuerte, se le echó encima y lo dejó medio aplastado. Timba intentó echarle una mano, pero como después de tanto trajín estaba que se caía de sueño, dos de los malvados lo agarraron por sorpresa y lo inmovilizaron. Trolli fue el siguiente. Aunque su extrema

delgadez hacía difícil agarrarlo, se encontraba tan débil que casi no podía correr y pronto fue capturado. En cuanto a Flex, simplemente se rindió al ver que no había esperanzas. Solo quedaba Mike.

—¡Mike, amigo, sálvate tú! —exclamó Timba.

—¡¡¡Aaaaayyyyyy, Robertaaaa!!! —gritó Trolli—. Esto es el fin.

Mike analizó la situación: era catastrófica. Los Pigman controlaban casi toda la cárcel y el contraataque de los guardias, por alguna razón misteriosa, seguía sin producirse. Invíctor, el principal rehén de los amotinados, trataba de resistirse, pero no podía con sus captores. Mike valoró las posibilidades mientras dos de los Pigman se acercaban para atraparlo. ¿Qué podía hacer? Una alternativa era salir corriendo, pero...

¿a dónde? El único camino libre era la puerta entreabierta de la zona de aislamiento, pero llevaba a un callejón sin salida. Además, tampoco estaba dispuesto a escapar sin sus amigos. En cuanto a enfrentarse a los Pigman a mordiscos... era una idea absurda. No tenía dientes para tantos. Era evidente: en cuestión de segundos estaría en manos de Nacho y su banda. Había que pensar con rapidez.

En ese instante los muros de la cárcel temblaron con un grito de... la Bestia. No era un aullido de dolor, sino más bien de aburrimiento, pero fue como una revelación para Mike. Giró la cabeza a un lado y a otro: los Pigman victoriosos, los amigos capturados, el sector de aislamiento como única salida y... ¡la llave maestra de Invíctor colgando de su cinturón!

Mike corrió como nunca antes en su vida, se escabulló con agilidad entre las piernas de los secuaces que iban a por él y, de un salto espectacular, agarró con los dientes la llave. El tirón fue tan fuerte que Mike creyó que se le iba a separar la cabeza del cuello, pero por suerte lo que se rompió fue la telilla del pantalón de Invíctor. ¡La primera parte del plan había dado resultado! Mike tenía en su poder la llave que abría todas las puertas de la prisión de Alcutrez.

Ahora venía la segunda fase. Y no era fácil. Sin detenerse, salió corriendo como un rayo en dirección a aislamiento. Durante unos segundos tanto los buenos como los malos miraron a Mike asombrados. Los primeros, porque nunca le habían visto correr tanto; los otros, porque no sabían qué pretendía hacer. Más les habría valido reaccionar con rapidez. Mike, casi sin aliento, recorrió en unos instantes el largo pasillo del sector de aislamiento hasta detenerse en el lugar más temido de la prisión: la celda número 97. La celda de... la Bestia. Mayo para los amigos.

—¡Mayo, colega! —exclamó Mike frente al recio portón metálico—. ¡Soy Mike! Es hora de irse.

Mayo, intrigado, abrió la trampilla de la puerta con uno de sus enormes dedazos y se asomó lo justo para que la llave, arrojada por Mike, le pegara en pleno rostro.

—¡¿Pero qué es esto?! —gritó Mayo—. ¿Cómo te atreves, microbio?

—¡Es la llave para salir, *pasmao*! —le respondió Mike—. ¡Abre la puerta y sal de una vez! ¡Mis amigos están en peligro!

Sorprendido de que alguien le echara una mano, Mayo dudó unos segundos, sin reaccionar. Luego tomó la llave y se dispuso a abrir la cerradura. Pero le costaba un poco de trabajo...

—¡Date prisa, vienen los Pigman!

—¿Los Pigman? —rugió Mayo—. ¿La banda de Nacho Pigman?

—Esos mismos...

—¡Se van a enterar! ¡Siempre se han reído de mí... cuando estaban lejos de mi alcance!

—¡Pero abre de una vez!

—Es que la llave es muy pequeña y mis dedos muy grandes.

Mayo estaba pasando algún apuro para sujetar la llavecita con sus enormes manos. «Llavecita» desde su punto de vista, claro. En realidad era una llave enorme, tres veces el tamaño de una normal, pero a él le parecía pequeña. Tras varios esfuerzos, logró tomarla entre las uñas del meñique y el pulgar e introducirla en el ojo de la cerradura. Con mucho cuidado la hizo girar y, tras un «clic»..., ¡la puerta de la celda número 97 estaba por fin abierta! ¡Y Mayo, también conocido como... la Bestia, era libre! Bueno, seguía dentro de la cárcel, pero por lo menos ya no estaba confinado en un cuartucho en el que apenas cabía su cuerpazo.

—¡Ya era hora! ¡Estaba harto de ese tugurio! —gritó, saliendo al exterior.

Por primera vez Mike pudo verle entero. Era descomunal, mucho más alto y fuerte de lo que había imaginado. Lo que más llamaba la atención era la anchura de sus hombros y, sobre todo, el curioso casco que le cubría la cabeza.

—¡Gracias, amigo Mike! —exclamó.

—Las gracias para luego, Mayo. Hay que salvar a mis amigos.

Sin perder un segundo, ambos se dirigieron tan rápido como les era posible hacia el lugar donde los Pigman retenían a Trolli, Timba y los demás. A cada paso que daba Mayo las paredes de la cárcel temblaban como si hubiera un terremoto.

—¿Qué es ese ruido? —preguntó Nacho, temiendo lo peor.

—Jefe, es... —le fue a contestar uno de sus hombres, pero lo que vio acercarse le dejó sin palabras.

—¿No me digas que...? —volvió a hablar Nacho, sin atreverse a terminar la pregunta.

No hizo falta que nadie contestara: allí estaba Mayo, la terrible Bestia con su terrible enormidad. Los Pigman, jefe incluido, se echaron a temblar. Solo la vergüenza les impidió salir corriendo, pero no les duró mucho:

—Madre mía, el bicho... —apenas acertó a susurrar Nacho cuando vio frente a él a ese gigantón del que se había reído tantas veces.

—¡¡¡Que me agüito!!! —berreó Mayo, anunciando el enfado que sentía solo de ver a los Pigman.

No hizo falta más: los secuaces que sujetaban a Timba, Trolli e Invíctor salieron corriendo los primeros. Luego, el resto. Todos tenían miedo de su jefe, pero más aún de Mayo, que era enorme y aterraba solo verlo. El único que mantuvo el tipo fue el propio Nacho, quien, viéndose abandonado, quiso hacerse el valiente por última vez:

—Te lo advierto... Bestia. Soy un tío peligroso —dijo, balbuceando, casi sin voz.

—¡No me llames Bestia!

Mayo pronunció estas palabras con tanta fuerza que Nacho estuvo a punto de caer de espaldas. Estaba tan aterrorizado que no fue capaz ni de huir, como habían hecho sus hombres. Y entonces...

—¡Quedas detenido! —exclamó Invíctor, poniendo las esposas al líder de la banda.

—Y no te olvides de echarle un cubo de guacamole encima de la cabeza —dijo Timba, de pronto.

—¿Y eso para qué? —preguntó, extrañado, el jefe de los malos.

—Para ver si te callas de una vez, Nacho.

Todos rieron con el chiste de Timba... por una vez, incluso Trolli.

—¡Mirad cómo tiembla! —exclamó Mayo, muy contento—. Todos los abusones son igualess: en cuanto se quedan solos se mueren de miedo.

—¡Bravo, Mike! —exclamó Trolli, abrazando a su amigo—. Nos has salvado.

—¡Eres un genio! —le felicitó Timba—. Tú sí que sabes usar la lógica redonda.

—Sí, bueno, pero ahora... ¿qué? —preguntó Mike.

La situación era peculiar, desde luego. Invíctor, al detener a Nacho, había acabado con el motín, ya que los Pigman no se atreverían a hacer nada sin su jefe. Por otra parte, era evidente que los Compas estaban llevando a cabo una fuga. Como guardia, no podía dejar que se fueran. Sin embargo..., la verdad es que sin su ayuda Invíctor no habría podido detener a los Pigman.

—Os diré lo que vamos a hacer —dijo entonces Invíctor—. Aunque os sugiero que os entreguéis, me temo que no me vais a hacer caso. Así que como agradecimiento..., os podéis quedar esa llave y, digamos, os dejo una hora de ventaja. Mientras tanto, encerraré a los Pigman y...

—¡Aaaayyyy! —se quejó de pronto una voz, muy débil y apagada—. ¡Que me ha *matao* ese bruto!

Lo habían olvidado. Miraron al rincón de donde venía la voz. Allí estaba el pobre Sparta, dolorido y hecho polvo tras su «encuentro» con el secuaz de Nacho.

—¡Sparta, amigo!

Trolli fue el primero en acudir a ayudarle, seguido de los demás. Echaron un vistazo a sus heridas. No eran graves, pero sí dolorosas, resultado del aplastamiento. Si Sparta era pequeño de por sí, ahora estaba tan aplastado que parecía un sello de correos.

—Tenemos que llevarlo a la enfermería —indicó Timba.

—Sí, el pobre está hecho polvo —se compadeció Trolli, pues a pesar de los problemas que les había causado Sparta, también les había sido de ayuda.

—¡Eh, os olvidáis de que tenemos una fuga en marcha! —protestó Flex.

—Pero hay que ayudarle —intervino Mike, compadecido por la cara de dolor del pequeño Sparta.

—¡Maldita sea! —soltó entonces Invíctor—. No debería ayudaros más, pero os lo debo. Yo me llevaré a Sparta a la enfermería.

—¡Aaaayyy, señor Trollino, que yo me quiero ir de la cárcel! —exclamó el herido, mientras Invíctor le cogía en brazos con mucho cuidado.

—Lo siento, chaval, pero tal como estás... no llegarías muy lejos. Lo primero es curarte.

A Sparta se le saltaban las lágrimas del dolor y esto puso tristes a todos, pero no había tiempo para despedidas largas. Invíctor se marchó con el pobre Sparta a cuestas y los Compas, junto con Flex y Mayo, planearon el siguiente paso. Flex fue el primero en hablar:

—Esa llave nos facilita mucho las cosas. Pero deberíamos evitar movernos por esta planta: es la única en la que funcionan las cámaras de seguridad. Deberíamos ir por la parte de abajo.

—De acuerdo —asintió Trolli—. Aunque ¿no os parece rara una cosa?

—¿El qué? —preguntaron todos.

—Que no hemos visto a un solo guardia, aparte de Invíctor. Es como si se hubieran largado.

—¡Bah, tendrán miedo del motín! —sugirió Timba.

—No estoy tan seguro. Tengo la sensación de que hay algo misterioso en nuestro encarcelamiento —sentenció Trolli.

—Vale, vale: resolvamos ese enigma más tarde —cortó Mike—. Ahora lo importante es largarnos. Rius puede llegar en cualquier momento y se extrañará si no nos encuentra.

—De acuerdo, vámonos de una vez.

Durante la hora siguiente los cinco fugitivos bajaron escaleras, recorrieron pasillos y atravesaron salas desiertas. Las áreas inferiores de Alcutrez parecían bastante abandonadas y los Compas sentían más y más cerca la libertad. Pero aunque la llave maestra de Invíctor supuso una valiosísima ayuda, los cinco fugados tardaron un montón en llegar a la puerta de salida porque...

—¡Este plano que me habéis tatuado en la espalda no sirve para nada! Menuda memoria tienes, Timba...

—Oye, que el que se comió el plano fue Mike.

—Siempre me llevo yo todas las culpas...

Pero al fin lo lograron: habían llegado a la puerta del embarcadero. Estaban a un minuto de la libertad. Timba introdujo la llave, la giró un par de veces y el portón se abrió con un leve chirrido. Les saludó el esperado olor de los langostinos y... alguien más.

—¿A dónde os creéis que vais, listillos?

El sargento Pimiento, junto al alcaide Trompeta y todos sus hombres los estaban esperando.

—Pero, pero... ¿qué hacen aquí? —preguntó Flex, alucinado—. Con toda la prisión amotinada... ¿y se han dedicado a cazarnos a nosotros?

—¡Ja, ja, ja! —rio Pimiento—. Me importa un bledo el motín. Lo que me interesa sois vosotros. Bueno, Flex y Mayo no. Vosotros... los tres Compas.

—¿Nosotros? —preguntó Trolli, intrigado—. Pero ¿por qué? ¿Qué le hemos hecho?

—¿De verdad no lo sabéis? —fue la enigmática respuesta de Pimiento.

—No. Y no nos vamos a quedar para saberlo —respondió Timba, de improviso—. ¡Vamos, chicos, seguidme! ¡Hay otra salida! Eso sí que lo recuerdo del plano original.

Ante la mirada atónita de Pimiento, Trompeta y los demás, Timba levantó una tapa de alcantarillado que conducía al sistema de evacuación de aguas de la cárcel. Sin pensárselo dos veces, se lanzó al vacío.

—¡No os preocupéis! —exclamó Timba—. ¡Caeremos en blandoooooo!

—Eso es lo que me preocupa —dijo Mike, captando con su fino olfato el tufillo que venía de abajo.

—Venga, no obstaculices el paso —le animó Trolli con un empujoncito.

Trolli, Flex y Mayo fueron los siguientes. Tras un segundo de caída los cinco «amerizaron» sobre lo que parecía un torrente de aguas salvajes que los arrastró a toda velocidad. Aún pudieron escuchar las risas del sargento Pimiento desde lo alto de la entrada al pozo.

—¡Ja, ja, ja! ¡Que tengáis suerte! ¡Me parece que en vuestro mapa faltaba algo de información sobre esa alcantarilla!

No sabían a qué podía referirse el malvado sargento, pero ya daba igual. El agua se los llevaba sin que pudieran resistirse. Y la fuerza del torrente no paraba de crecer a medida que se acercaban al desagüe, una gran abertura circular por donde los desechos de la cárcel desembocaban en el mar.

—¡Veo las luces del muelle! ¡Pronto estaremos libres! —dijo Mike.

—¡Pero hay un obstáculo! ¡A eso debía de referirse el sargento!

Era verdad: el tubo estaba cerrado por una reja de acero roñosa y cubierta de restos inmundos. Incluso había un esqueleto. Nuestros amigos estaban perdidos. Uno tras otro chocaron contra la reja quedando atascados entre el metal y la presión del agua. Habían caído en una trampa mortal. Los Compas no lo sabían, pero el sargento Pimiento había ordenado abrir los desagües de la prisión para que subiera el nivel del agua en la gran tubería. ¡Iban a morir ahogados!

—Esto es un asco —se quejó Trolli, poniéndose de pie al otro lado de la reja.

—¡Eh! ¿Cómo has conseguido pasar? —preguntó Mike.

—Anda, pues es verdad... Estoy tan delgado que he atravesado la reja sin darme cuenta.

—Eso no nos sirve a los demás —se quejó Timba, dramático—. Sálvate tú, amigo. ¡Y vénganos!

—¡Dejadme a mí, flojeras! —dijo entonces Mayo.

El gigante musculoso se acercó a la reja y agarrándola con sus enormes manos empezó a tirar a un lado y a otro. Al principio no sucedió nada, pero pronto empezó a agrietarse el cemento de los lados hasta que la arrancó de cuajo. ¡Estaban libres!

¿Libres? Quizá era pronto para cantar victoria.

—¿Habéis visto ese cartel? —preguntó Timba, quitándose una cáscara de plátano de la cabeza.

—¿Cuál? —dijo Mike.

—Ese. El que pone: «Peligro, campo de minas».

12. RUMBO A TROPICUBO

—¡Tranquilos, *pasmaos*! —se rio Flex, viendo las caras de miedo de sus compañeros—. ¡No hay minas! Las quitaron hace tiempo, por el plan de ahorro de Trompeta. Solo dejaron los carteles, para mosquear.

—Madre mía, no ganamos para sustos —se quejó Timba.

—Venga, no perdamos tiempo. El embarcadero está por allí —indicó Mike, olfateando el aire—. Huele un montón a langostino.

—¡Puag!

Con cuidado, ocultándose tras las rocas y algún que otro arbusto, los cinco amigos fueron acercándose al embarcadero. Pimiento y los suyos se habían ido, lo cual era bueno, pero aún no había llegado *La Pluma Negra*.

—Si tarda mucho vuestro amigo —dijo Flex—, saldrá el sol y nos verán desde la cárcel.

—No te preocupes —aclaró Timba—. Si es necesario, seguiremos el plan inicial: nos llevaremos una de las barcas que se usan para pescar langostinos.

—¡Puag! Ni hablar —soltó Trolli—. Antes morir que subir en una de esas barcas apestosas. Además, seguro que Rius y Raptor están al llegar.

—Ya lo creo —intervino Mike—. ¡Mirad allí!

No lo habían visto antes debido a la oscuridad de la noche, pero ahora, tan cerca, la silueta del barco de sus amigos era perfectamente reconocible. No tuvieron que esperar mucho a que *La Pluma Negra* atracara en el muelle. En ese momento los cinco fugados salieron de su escondite y subieron a bordo, llenos de alegría, sobre todo los tres Compas.

Una alegría que se volvió sorpresa, y luego temor, al comprobar que el viejo barco tenía como tripulación a dos desconocidos. Una especie de hombre-pollo y un jovenzuelo que se parecía vagamente a Raptor, pero con los dientes muy raros, además de ir vestido con un pijama de dinosaurio.

—Pero, pero... ¿quiénes sois vosotros? —preguntó Mike, que había sido el primero en subir a bordo.

—¡Tranquilos, chicos! Somos nosotros —aclaró el hombre-pollo—. Rius y Raptor. Lo que pasa es que hemos tenido algunos problemas.

—Pero ¿qué os ha pasado? —preguntó Timba, sin salir de su asombro.

—Lo mío ha sido —empezó a explicar Rius—... ¡por bocazas! Consulté a una bruja de Tropicubo. Le pedí que mirara en su bola de cristal dónde podía estar escondido el tesoro de Juan Espárrago. Ella se puso a manosear la bola, dale que dale, y al cabo de diez minutos va y me dice que no hay ningún tesoro. Claro, me enfadé mucho y ella, como no le pagué la sesión, me lanzó un hechizo que me ha dejado con estas pintas.

—¿Y a ti, Raptor?

—Yo me quise arreglar los dientes a mí gusto. Lo del pijama es porque... Bueno, es que cuando me avisó Rius estaba durmiendo.

—De acuerdo entonces —dijo Trolli—. Vámonos de aquí cuanto antes.

Tras abrazarse los viejos amigos y presentar a los nuevos, Rius se puso al timón y comenzó la maniobra para regresar a Tropicubo. En pocos minutos *La Pluma Negra* enfilaba su proa rumbo a tierra firme. De lo que no se dio cuenta ninguno de los que estaban a bordo es de que otro barco los seguía, con todas las luces apagadas...

—Rius, ¿has traído el diamantito? —preguntó Mike, ansioso.

—Por supuesto. Nunca ha dejado de estar a bordo, esperandoos. Aquí está.

Trolli tomó la valiosa piedra entre sus manos. No se convirtió en un arma mágica, como sucedió en su anterior aventura. La joya había perdido los poderes mágicos que sirvieron a los Compas para derrotar al Titán Oscuro. Sin embargo, seguía siendo una gema muy hermosa y de gran valor.

—Y os hemos traído algo más —señaló Raptor, sacando del baúl una gran bolsa con las ropas de calle de los Compas.

—¡Genial! —exclamaron los tres a la vez.

—Por fin, mi corona, y no esta chapuza de cartón.

—Y mi collar. No es igual que el que se quedó en la cárcel, pero vale.

—Y unas gafas de sol de verdad. Ya era hora. ¡Maldición, no veo nada! ¡Estoy ciego otra vez!

—¡No, hombre! —se rio Raptor—. Es que es de noche.

—También habrá algo por ahí para Mayo y Flex —indicó Rius, sin soltar el timón.

—Ya lo veo —respondió Flex—. Pero no hay nada que me guste. Ya me apañaré en tierra.

—A mí sí me gusta la ropa de marinero —observó Mayo—, pero no hay nada de mi talla.

La navegación fue tranquila, sin el menor incidente. Al fin las cosas parecían volver a la normalidad. Pero aún quedaba mucho por hacer. Los Compas habían sido encarcelados de manera injusta y estaban dispuestos a demostrarlo. Sobre todo Trolli, porque Timba y Mike más bien defendían la idea de salir de Tropicubo cuanto antes.

—De eso nada —zanjó Trolli la cuestión—. ¿Podríais vivir tranquilos sabiendo que nuestro buen nombre ha sido mancillado en Tropicubo?

—Yo sí —afirmó Timba, un segundo antes de quedarse dormido.

—Yo también —confirmó Mike, con la boca llena, pues por suerte en el barco de Rius había algo de comida digna.

—Pues yo no. Cuando lleguemos a tierra nos introduciremos en los juzgados y buscaremos el archivo de nuestro caso. Estoy seguro de que todo estaba amañado.

—Podemos disfrazarnos de polis. Yo iré de perro policía.

—Buena idea, Mike.

—¿Y qué pasa con Mayo y Flex? —preguntó Raptor.

—Bueno, eso... No lo había pensado —reconoció Timba.

—Nosotros fuimos encarcelados correctamente —indicó Flex—. Las penas un poco duras, la verdad. Pero eso le pasa a todo el mundo desde que Trompeta es el mandamás.

—A mí me parece que el mandamás es más bien Pimiento —observó Mike—. Hay algo raro en su actitud hacia nosotros.

—No os preocupéis por Mayo y Flex —intervino Rius—. Yo les llevaré en *La Pluma Negra* a algún lugar donde estén a salvo.

Al cabo de un rato llegaron por fin a Tropicubo. Aún no había amanecido y estaba todo muy tranquilo. En el puerto había un solo barco, una lancha rápida.

—Qué raro... Ese barco no estaba ahí cuando salimos —comentó Rius mientras realizaba la maniobra de atraque.

—Habrá llegado durante la noche —indicó Raptor.

—Es poco habitual que lleguen barcos a estas horas.

—Bueno, aquí estamos nosotros, ¿no?

—En todo caso, hay que seguir adelante con el plan —intervino Trolli—. Nosotros tres bajamos a tierra y nos prepa-

ramos para introducirnos en los juzgados. Mientras, vosotros lleváis a Mayo y a Flex a un puerto seguro. ¿De acuerdo?

—De acuerdo —respondió Raptor—. Nos veremos a la vuelta.

Sin más palabras, *La Pluma Negra* enfiló de nuevo mar abierto, alejándose poco a poco del puerto. Los Compas, preparados para llevar a cabo su parte del plan, se encontraron con una sorpresa.

—¿A dónde vais, queridos amigos? —les preguntó, desde la oscuridad del puerto, una voz que se parecía un montón a la del sargento Pimiento.

Es que era el sargento Pimiento. Pero no llevaba su uniforme habitual, sino que vestía una extraña túnica negra. En la cabeza, una capucha con cuernos. Le acompañaba una docena de secuaces vestidos de forma parecida. Uno de ellos era, sin duda, Donald Trompeta: se veía su peinado asomando bajo la capucha. El resto debían de ser guardias de la prisión.

—¡Hemos caído en una trampa! —gritó Timba.

—Ya lo creo que sí —se rio Pimiento—. Os vimos largaros de Alcutrez y partimos a perseguiros en un barco más rápido que el vuestro. Llevamos un buen rato esperando ese cascarón vuestro.

—Pero, pero... —empezó a decir Trolli—. ¿Y el motín? ¿Habéis dejado solo a Invíctor?

—El motín es lo de menos —fue la respuesta del sargento.

—Además, Invíctor no es uno de los nuestros —indicó, sin precisar más, el alcalde-alcaide-juez Trompeta.

—¿Y eso qué quiere decir? —preguntó Mike—. ¿Y esos trajes ridículos, de qué van?

—¿Todavía no entendéis lo que pasa? —se rio Pimiento—. Pues yo creo que está claro. ¡Somos los seguidores del Titán Oscuro! Y ahora... ¡ha llegado la hora de la venganza!

Al pronunciar estas palabras los secuaces se lanzaron sobre los Compas, reduciéndolos en cuestión de segundos. Solo Mike consiguió escabullirse gracias a su pequeño tamaño, pero no llegó muy lejos. El sargento, mediante raros y aparatosos movimientos de manos, invocó un lazo de energía y, proyectándolo hacia delante, lo hizo caer sobre el perrete, que no consiguió escapar de la trampa mágica.

—¿De dónde salen esos poderes? —preguntó Trolli, incapaz de librarse de los malvados que lo sujetaban—. El Titán Oscuro está muerto.

—¡Ja, ja, ja! ¡Esto no os lo esperabais! No es sino el residuo mágico de su poder —fue la respuesta del sargento Pimiento—. Y yo, que soy el sumo sacerdote de la Hermandad Oscura, tendré el honor de acabar con vosotros. Es lo menos que os merecéis. ¡Y aún habrá más sorpresas!

Sin perder más tiempo, los tres Compas fueron encerrados en un furgón celular y conducidos hacia un lugar desconocido. Desde la ventana pudieron ver cómo *La Pluma Negra* se adentraba en el mar sin que sus tripulantes se dieran cuenta de lo que acababa de ocurrir en tierra firme. Además, los secuaces del sargento Pimiento les habían quitado el diamantito. Ya sí que no tenían escapatoria...

Los Compas marchaban, sentenciados, al escenario de la venganza. La venganza del difunto Titán Oscuro, que los perseguía desde más allá de la muerte.

13. LA VENGANZA

—¿Oiga, no podríamos hablarlo? —preguntó Timba—. El Titán está muerto. Podemos llegar a un acuerdo. Nosotros nos vamos de Tropicubo y usted se queda de jefazo.

—Es inútil, Timba —dijo Mike—. Son fanáticos. No hay nada que hacer.

—¡Y no podemos dejar que estos canallas se salgan con la suya! —protestó Trolli—. No derrotamos al Titán Oscuro para esto...

—En eso te equivocas, chaval: tu chucho tiene razón —soltó el sargento Pimiento, agresivo—. No tenéis ninguna esperanza de salvaros. Somos más que vosotros y vuestros amigos os han abandonado.

Los Compas habían sido llevados por los secuaces del Titán Oscuro a un antiguo templo de su orden, oculto entre los bosques próximos a Tropicubo. Consistía en una gran nave de piedra sostenida por gruesas columnas. Un tosco altar de piedra se elevaba bajo un arco gótico muy antiguo. Tras el altar podía verse un bajorrelieve con la imagen del Titán a tamaño natural, o sea, inmensa. Pero eso no era todo.

Allí, en medio del patio de columnas, se encontraban los propios restos petrificados del Titán Oscuro. Los acólitos los habían llevado allí para el ritual. Bajo la superficie ennegrecida algunos arañazos dejaban ver que el esqueleto del antiguo demonio estaba hecho de oro puro.

Sin mediar una palabra más, los tres Compas fueron atados al pie del altar, donde el sargento Pimiento, vestido con los ridículos ropajes de su secta, se dispuso a oficiar

la ceremonia de venganza. ¡Y los Compas no podían hacer nada!

—¡Que comience la ceremonia! —gritó Pimiento—. ¡Trompeta, trae el diamantito legendario!

El alcalde Trompeta cumplió la orden de inmediato: estaba claro que el sargento era quien mandaba allí. Y ahora el diamantito que había servido para destruir al Titán se iba a convertir en el principal ingrediente de los rituales de la malvada Hermandad Oscura.

—Queridos Compas —empezó a decir Pimiento, con ironía—, quiero que sepáis una cosa antes de morir: no solo nos vamos a vengar del daño que hicisteis a nuestra orden. ¡Vuestra sangre, combinada con la magia del diamantito, servirá para revivir a nuestro amo!

—Pero, pero... Eso es imposible —protestó Trolli—. El Titán está muerto. Y el diamantito perdió todo su poder. Solo es una piedra.

—Una piedra muy bonita —indicó Mike—. ¡Y es mía, mi tesoro!

—¡Ja, ja, ja! ¡No tenéis ni idea! Vuestra sangre herética regará la herida del Titán Oscuro. Luego, iluminada por la luz del diamantito... ¡revivirá al que pronto será Señor de la Tierra!

—Yo puedo darle sangre gratis, preferiría no morir —señaló Timba.

—¡A callar! ¡Que comience el ritual en el nombre del Titán Oscuro!

A continuación el sargento comenzó a pronunciar una invocación en un lenguaje desconocido. Los Compas intentaron soltarse de sus ataduras, pero era imposible. Y, mientras tanto, el hechizo tomaba forma y el lugar se llenaba de

fenómenos extraños. Para empezar, el diamantito pareció cobrar vida: sus facetas emitían destellos irisados que se concentraban sobre el dorado esqueleto del Titán. Ruidos misteriosos, como quejidos de ultratumba, parecían surgir de la nada y creaban ecos en las columnas. Los secuaces del sargento contestaban a esas voces entonando cánticos siniestros.

Los Compas estaban aterrorizados. Mike mordisqueaba sus ataduras mientras Timba... Bueno, Timba, con la musiquilla... se había quedado dormido. ¡Pero solo durante un momento! Porque sus ronquidos interrumpieron la ceremonia durante unos segundos y entonces ocurrió lo inesperado: Trolli, que no había parado de forcejear con todas sus fuerzas, logró liberarse de las cuerdas que lo sujetaban al altar. No es que lo hubieran atado mal, pero estaba tan delgado que acabó escurriéndose entre las ligaduras para sorpresa de todos, incluido él mismo.

¡Sí que había una esperanza! Aunque muy pequeña, la verdad. Trolli estaba solo y sus enemigos eran muchos. No había alternativas: aprovechando la confusión, se lanzó sobre el sorprendido sargento y le arrebató el diamantito de las manos. A continuación cortó las ataduras de sus amigos con la piedra preciosa. ¡Los Compas volvían a estar libres! Ya solo tenían que vencer a una docena o así de enemigos furiosos.

No se lo iban a poner fácil. Pimiento invocó de nuevo sus poderes mágicos:

—¡Por el poder del Titán!

Las manos del sargento se iluminaron con lo que parecían unas bolas de fuego. Es que eran bolas de fuego, y las arrojó contra los Compas, indefensos frente a la hechicería. Sin embargo, no llegaron a su destino: el diamantito las

atrajo y las absorbió, anulando con su magia bienhechora los poderes oscuros. El sargento trató de invocar de nuevo la magia negra del Titán, pero no le sirvió de nada, pues el diamantito era más poderoso.

Sin embargo, esto solo suprimía una parte del problema:

—¡Al diablo! —gritó Pimiento a sus hombres—. ¡Matadlos sin más! Estoy harto de estos tres elementos. Por lo menos, que se cumpla la venganza.

Los Compas, gracias a su valor y al diamantito, habían logrado evitar la resurrección del viejo demonio, salvando de nuevo al mundo. Por desgracia, no disponían de medios para defenderse de la masa de malvados que se les echaba encima con muy malas intenciones.

—¡Melocotón, vamos a morir como héroes!

—¡Y sin comer!

—Amigos, ha sido un honor correr juntos tantas aventuras —dijo Timba, con cara de lástima y de sueño.

—Yo preferiría vivir alguna más —le contestó Trolli.

Los sectarios ya estaban encima de nuestros amigos, listos para cumplir la venganza de la Hermandad Oscura.

—¡Estamos perdidos! —gruñó Mike, resignado.

—¡No, mirad!

En ese mismo instante, cuando todo parecía perdido, un grupo de caras conocidas irrumpió en el templo del mal. No podía haber sido más a tiempo: Rius y Raptor, acompañados de Flex y Mayo, acudían para salvar a sus amigos. Sí, sí, es verdad que los acólitos del Titán aún doblaban en número a los buenos, pero... Pero en realidad Mayo se las bastaba por sí mismo para reducir a aquella panda de mamarrachos vestidos con capuchones rojos.

—¡Vaya pinta de idiotas tenéis! —gritó... la Bestia—. ¡O dejáis a mis amigos en paz o me agüito!

No hicieron falta muchas más palabras. El berrido de Mayo levantó una corriente de aire que hizo que a varios sectarios se les cayeran las capuchas de la cabeza. Una segunda amenaza con el mismo tono, y hasta el peinado de Trompeta se deshizo. No tenía sentido resistir: los malos echaron a huir mientras Trolli y Timba capturaban al sargento Pimiento y a su acólito, el multiuso Trompeta. Mike salió a perseguir a los demás, porque no quería que escaparan, pero Flex le detuvo:

—No te preocupes, Mike: no van a ir muy lejos.

Efectivamente, cinco minutos después entraba en el templo Invíctor acompañado por varios agentes de la policía de Tropicubo. Habían detenido a todos los sectarios. ¡La Hermandad Oscura, ahora sí, estaba acabada!

—Exsargento Pimiento, exalcalde-exalcaide-exjuez Trompeta —dijo Invíctor con voz grave—, quedan detenidos por conspiración, corrupción, maldad generalizada y conducción temeraria. Según su propio código de leyes, les van a caer por lo menos cuatrocientos años a cada uno en... la prisión de Alcutrez.

—¡Noooooo! —gritaron Trompeta y Pimiento a la vez.

—No se preocupen —rio Invíctor—. Estoy seguro de que a los demás presos les encantará tenerlos como compañeros.

—¡Bravo, amigos! —exclamó Trolli, satisfecho con la victoria que acababan de conseguir. Los tres Compas se abrazaron con sus ya viejos camaradas Rius y Raptor, además de con los nuevos, Mayo y Flex.

—¡Por un momento creímos que nos habíais dejado tirados! —dijo Timba.

—Nada de eso —rio Flex—. Es que antes de volver para salvaros el pellejo teníamos que conseguir ropa adecuada.

—Es verdad —asintió Mayo—. El uniforme de la cárcel sienta fatal.

—¡Ejem! Hablando de todo un poco... —dijo entonces Invíctor—. He estado comprobando los archivos de la cárcel. Trolli, Timba y Mike, habéis sido objeto de una conspiración para encerraros injustamente. Por lo tanto, quedáis libres.

—¡Viva Invíctor! —gritaron todos a la vez.

—No tan deprisa —continuó el guardia de Alcutrez—. Mayo y Flex, vuestras condenas, aunque exageradas, eran justas. —Hubo un momento de silencio dramático. Luego Invíctor continuó—: Pero dada vuestra buena conducta y que gracias a vosotros hemos podido acabar con la conspiración de Pimiento y su secuaz Trompeta... ¡quedáis en libertad! Libertad condicional: tenéis que portaros bien.

—¡Pues claro! —gritaron a un tiempo los dos aludidos.

Los cinco amigos volvieron a abrazarse. Estaba claro que los Compas ya no eran solo tres, sino muchos más. Una pandilla que aún tenía por delante muchas aventuras por vivir. Aunque, de momento, solo una cosa interesaba:

—Habíamos venido a Tropicubo de vacaciones —dijo Trolli—. Pues ya va siendo hora de descansar, ¿no?

—¡Así se habla, vinagrito! —respondió Timba—. Voy a *esforzarme* por lo menos cuarenta horas seguidas.

—¡Y yo quiero comer de una vez!

Sí, por fin había llegado la hora de descansar y dejar atrás las maldades del Titán Oscuro y sus acólitos.

EPÍLOGO

Tropicubo, con un nuevo gobierno, volvía a ser el tranquilo paraíso que había sido en otro tiempo, antes de la intromisión de la Hermandad. Los malos fueron puestos entre rejas y allí... Bueno, les pasaron muchas cosas. Invíctor fue nombrado alcaide de Alcutrez y lo primero que hizo fue mejorar las condiciones de la cárcel, sobre todo variar un poco el menú. Esto alegró mucho a los presos, bastante más que el nuevo plan de ejercicios obligatorios, la verdad.

Mayo y Flex volvieron con sus familias. En cuanto a los Compas, se alojaron durante las semanas siguientes en casa de Rius, donde disfrutaron de un merecido descanso. Timba podía dormir sin que le molestaran; Trolli, que había recuperado su peso normal, paseaba por la playa; Mike comía lo que le daba la gana...

Todo marchaba con absoluta tranquilidad. Hasta una tarde en la que Trolli, Timba, Mike y Raptor se encontraban en una terracita con vistas al mar tomando unos refrescos mientras contemplaban el atardecer. Había algunos bañistas en la playa y todo parecía perfecto, como de postal. Hasta que, de pronto, *La Pluma Negra*, pilotada por Rius, se plantó frente a ellos, tan cerca de la costa como le era posible.

—¡Mirad, viene Rius! —advirtió Mike, que fue el primero en notar el peculiar olor del hombre-pollo. Esto le dio algo de hambre.

—Pero… qué hace? —preguntó Timba.

El viejo lobo de mar se apoyó en la borda de su barco y, poniéndose un megáfono frente a la boca, se dirigió a sus amigos:

—¡Vamos, panda de vagos! —resonó su voz en toda la costa—. ¡Se acabó el descanso! Hay que embarcarse.

—Pero… ¿para ir a dónde? —preguntó Trolli, temiendo la respuesta.

—¡¿A dónde va a ser?! ¡A buscar el tesoro de mi antepasado!

—¿¿¿¿Quéééééé???? —exclamaron los tres a la vez.

Los Compas se miraron unos a otros con cara de sorpresa. Alguno se llevó las manos a la cabeza mientras Trolli hacía la pregunta clave:

—Bueno, pues… ¿qué hacemos, chicos?

La respuesta… ya te la puedes imaginar. De momento, los Compas se habían ganado un merecido descanso.

FIN